¡Soy Única!

Un devocional de 90 días para mujeres que caminan en su identidad en Dios

Laura Paz

¡Soy Única!
Laura Paz

Editor: Diez Veces Mas
diezvecesmas@gmail.com

Primera edición, marzo de 2026
ISBN 978-1-7334031-3-9

Dedicatoria

Dedicado a cada mujer que aprende a caminar con valentía
en quien Dios dice que es.

Tabla de contenido

Sección 3 (Días 21–30):
Rompiendo Mentiras de Identidad

Sección 4 (Días 31–40):
Llegando a Ser Quien Dios Dice que Eres

Sección 5 (Días 41–50):
Única en Cada Temporada

Sección 6 (Días 51–60):
La Voz de Dios por Encima del Ruido

Sección 7 (Días 61–70):
Caminando con Confianza Siendo Tú

Sección 8 (Días 71–80): Usando Tu Singularidad para la Gloria de Dios

Sección 9 (Días 81–90): Plenamente Tú, Plenamente Suya

Tere Paz

Desde antes de que diéramos nuestro primer aliento, Dios nos pensó con amor y nos diseñó con intención. La mujer no fue creada al azar ni como un complemento secundario, sino como parte de una expresión única de Su imagen, portadora de identidad y propósito arraigados en Él.
Cada una de nosotras nació con un diseño claro en el corazón del Padre. Antes de que alguien nos nombrara, nos definiera o nos exigiera algo, ya éramos plenamente conocidas y profundamente amadas por Él.

A lo largo del camino, sin embargo, esa imagen puede distorsionarse. Las experiencias, palabras, expectativas y las heridas pueden ir cubriendo aquello que Dios diseñó con tanta ternura. Cuando la imagen se distorsiona, la identidad se vuelve frágil, y poco a poco comenzamos a vivir desde lo que hacemos, desde lo que otros esperan de nosotras o lo que nos ha tocado atravesar, en lugar de vivir desde quienes somos en Dios. Basta ver el principio para notar cómo la primera mujer dejó de ser reconocida desde su identidad y comenzó a ser nombrada desde su función, y esa misma historia continúa repitiéndose en el corazón de muchas mujeres hoy. Esto seguirá ocurriendo mientras no volvamos al diseño original del Padre.

En Cristo, todo es restaurado en amor, Él no viene a descalificarnos, sino a devolvernos aquello que siempre fue nuestro en Él: una imagen sana, identidad firme, y una vida con propósito. La restauración no ocurre de un día para otro, pero sucede cada vez que nos dejamos mirar, amar, transformar, y afirmar por Él. No desde la exigencia, sino desde la gracia; no desde el esfuerzo humano, sino desde la obra perfecta de la cruz.

Yo he caminado ese proceso, he permitido que el Padre trate mi corazón, sane mi imagen, y afirme mi identidad, llevándome a vivir una vida con un propósito mayor que yo misma, una vida que existe para reflejarlo a Él.

Mi esposo y yo somos fundadores del Centro Cristiano Palabras de Vida, y he tenido el privilegio de acompañar a muchas mujeres en este mismo camino. Mujeres con historias distintas, pero con una misma necesidad: volver a casa, al corazón del Padre, y desde allí ser definidas por Su amor. Mujeres que, quizá como tú, solo necesitaban un espacio seguro para volver a escucharse desde la voz del Padre.

Es con ese anhelo que la Conferencia de Mujeres Única nació en mi corazón, crear un espacio donde cada mujer pueda encontrarse de manera real y transformadora con el amor del Padre y, desde allí, caminar en libertad, afirmada en la identidad y el propósito con los que fue creada. Mi oración siempre ha sido que no sea un lugar para acumular información, sino un espacio donde el corazón sea tratado con delicadeza y verdad, donde la obra perfecta del Padre en cada mujer continúe más allá de un momento, transforme vidas y se extienda por generaciones.

Esto no es un sueño ilusorio, hoy tengo el gozo de dar testimonio al ver el fruto, no solo en cientos de hijas espirituales, sino también en la vida de mi hija Laura.

Como madre, no hay palabras suficientes para expresar lo que significa verla crecer abrazando estas verdades, dejándose tratar por el Padre y, ahora, compartirlas con otras mujeres a través de este devocional. Verla ser parte de una generación que no solo vive afirmada en su identidad en Dios, sino que guía a otras hacia esa misma realidad, es un regalo del cielo.

Soy Única no es solo un libro, es una invitación amorosa a volver al diseño original, a permitir que el Padre restaure lo que fue distorsionado, y a caminar desde una identidad sana, clara y llena de propósito en Cristo.

Mi oración por ti, que hoy tienes este devocional en tus manos, es que durante estos 90 días no solo leas palabras que te hagan sentir bien, sino que seas profundamente abrazada y amorosamente confrontada por el amor del Padre. Que permitas que Él sane toda imagen quebrada, afirme tu identidad con Su verdad, y despierte en ti el propósito para el cual fuiste creada. Que camines en libertad, sin compararte, sin cargar expectativas ajenas y con la certeza profunda de que eres amada, elegida, y única en Él.

Que Su gracia te llene, Su presencia te acompañe y Su vida se manifieste a través de ti en cada lugar donde Él te ha plantado.

Con todo mi amor,
Tere Paz

Introducción

Hay algo profundamente sagrado en darte cuenta de quién eres; no eres quien el mundo dice que deberías ser; no eres quien las circunstancias te han moldeado para ser; no eres aquello a lo que tuviste que convertirte solo para sobrevivir.

Muchas mujeres caminan por la vida cargando etiquetas que nunca eligieron: "No soy suficiente", "olvidada", "atrasada", "invisible", "no calificada". Otras se sienten perdidas en medio de transiciones, atrapadas en la espera, o inseguras de cómo encajan todavía en la historia de Dios. Algunas se sienten confiadas en una temporada y llenas de preguntas en la siguiente. Están las que son firmes en su fe, pero inseguras de sí mismas. Otras apenas han comenzado a preguntarse si hay más en quienes son ellas mismas de lo que alguna vez se atrevieron a creer.

Si algo de esto te resulta familiar, este devocional es para ti. Dios te creó a propósito y con propósito.

¡Soy Única! no se trata de convertirte en alguien nuevo, sino de recordar quién ya eres. Fuiste creada intencionalmente, con amor, y de manera única por Dios. Tu personalidad, tu historia, dones, luchas, y la temporada de vida que atraviesas no son accidentales. La Escritura nos recuerda que Dios no desperdicia nada, Él no copia y pega, no pasa por alto los detalles. Forma, llama, y equipa a cada mujer con cuidado y propósito.

Aún sabiendo esto, es fácil olvidarlo. Nos comparamos con otras, medimos nuestro valor por la productividad o el progreso, permitimos que errores pasados, luchas presentes, o expectativas no cumplidas hablen más fuerte que la verdad de

Dios. Confundimos la espera con el fracaso y las temporadas silenciosas con insignificancia.

Este devocional es una invitación a ir más despacio y volver a escuchar. A oír la voz de Dios por encima del ruido. A escoger Su verdad por encima de las mentiras. A verte a ti misma a través de Sus ojos y no por las opiniones de otros.

Durante los próximos 90 días recorreremos la Escritura con un enfoque en la identidad. Exploramos lo que Dios dice de ti, cómo Él obró a través de mujeres a lo largo de la Biblia, y cómo continúa obrando a través de mujeres hoy. Algunos días serás introducida a mujeres familiares de la Biblia como Ester, María, Rut y Ana. Otros días hablarán directamente a las batallas internas que muchas mujeres enfrentan: comparación, inseguridad, temor, complacencia a otros, y dudas. Cada sección está diseñada para recordarte que tu valor no está atado a tu temporada de vida, estado civil, logros, o tus luchas.

Cada día incluye un pasaje bíblico de la traducción Nueva Versión Internacional (NVI), una reflexión enfocada, y una pregunta para responder en tu diario personal que te ayudará a procesar con honestidad delante de Dios. No necesitas tener respuestas perfectas ni escribir de manera elocuente. Solo necesitas presentarte tal como eres.

Esto no es una carrera, no se trata de una lista para marcar. Es una jornada de crecimiento, reflexión, y renovación.

Algunos días serán alentadores y otros confrontarán el corazón. Algunos traerán sanidad y otros despertarán preguntas. ¡Todo es bienvenido aquí! Dios nos encuentra, no cuando ya lo tenemos todo resuelto, sino cuando estamos dispuestas a ser formadas.

No importa dónde te encuentres —soltera o casada, en espera o floreciendo, cansada o esperanzada, segura o insegura—, sigues siendo únicamente de Dios, escogida, llamada y en proceso.

Así como comienzas este devocional, mi oración es que estés más arraigada en la verdad, más confiada en quien Dios te creó para ser, y más segura en Su amor. Oro para que sueltes las etiquetas que ya no te pertenecen y abraces la identidad que Dios ha hablado sobre tu vida desde el principio.

No te has quedado atrás, no estás pasando desapercibida u olvidada. Eres única y eres Suya. Y, por encima de todo, eres profundamente amada por tu Padre celestial, quien te guiará en este camino, paso a paso.

¡Comencemos!

Cómo Usar Este Devocional

Este devocional fue creado para ser una guía facilitadora, no una carga rígida. No hay presión por avanzar rápido, no es para que se vea qué bien lo hiciste, o hacerlo perfecto. La meta no es terminarlo por terminarlo, sino conectar. Tómate tu tiempo, avanza a tu propio ritmo, así como sea necesario, y permite que Dios te encuentre exactamente donde estás.

RITMO DIARIO

Este libro está dividido en nueve secciones de diez días, cada una con un objetivo específico. Cada día de este recorrido de 90 días incluye cuatro partes sencillas:

1. Escritura (NVI)
Lee el versículo bíblico con calma. Tal vez quieras leerlo más de una vez. Presta atención a cualquier palabra o frase que resalte. Este es el fundamento de cada día: permitir que la Palabra de Dios hable primero.

2. Reflexión
La reflexión devocional tiene el fin de ayudarte a enfocar tus pensamientos hacia la verdad sobre tu identidad y el corazón de Dios para ti. Léela con mente y corazón abiertos. No es necesario analizar profundamente a menos que así lo sientas. Recibe lo que resuene contigo.

3. Aplicación personal y/o pequeño desafío
Cada día incluye una aplicación práctica y/o un pequeño desafío para llevar la verdad de la mente a la vida diaria. Son intencionalmente simples para que sean alcanzables aún en días ocupados o abrumadores.

4. Pregunta para tu diario personal

Este es tu espacio para ser honesta con Dios. Escribe con libertad y sin juzgarte. Tus palabras no necesitan sonar espirituales ni perfectas. Si escribir es difícil algunos días, unas pocas frases o incluso una sola palabra son suficientes. Lo más importante es tu disposición a reflexionar.

¿CUÁNTO TIEMPO TOMARÁ?

La mayoría de los días pueden completarse en 10 a 15 minutos. Algunos días querrás quedarte más tiempo y otros solo tendrás unos minutos de silencio. ¡Ambos están bien! Dios honra la constancia, no la perfección.

¿Y SI ME SALTO UN DÍA?

Si te saltas un día, ¡no abandones! Simplemente continúa donde te quedaste. Este devocional no se trata de mantener el ritmo, sino de profundizar. Aquí no hay culpa, solo gracia.

TU JORNADA PERSONAL

Puedes usar este devocional de varias maneras:

- Como tiempo devocional diario con Dios
- Como experiencia guiada de un diario personal
- Como material de estudio para retomar en distintas temporadas
- Como recurso para grupos pequeños o estudios bíblicos

Quizá notes que algunos temas te hablan con más fuerza que otros. ¡Eso es intencional! Dios suele resaltar aquello que más necesitamos en el momento.

UNA ÚLTIMA EXHORTACIÓN

Ven tal como eres. Trae tus preguntas, dudas, anhelos, y expectativas. Este es un espacio para escuchar, reflexionar y crecer. Mi oración es que, a lo largo de estos 90 días (o más), comiences a verte con mayor claridad a través de los ojos de Dios y camines con mayor confianza en la verdad de quien Él te creó para ser.

No estás tarde, no estás descalificada. Estás justo a tiempo para lo que Dios quiere hacer en ti. Respira profundo y abre tu corazón.

¡Oro para que cada página y cada día te acerquen un paso más a vivir en la plenitud de Su amor y de todo lo que Él te creó para ser!

Sección 1 (Días 1–10):

Creada a Propósito

Abrazando la singularidad que Dios puso dentro de ti

Día 1

Fuiste idea de Dios

"Tú creaste mis entrañas; me formaste en el vientre de mi madre. ¡Te alabo porque soy una creación admirable! ¡Tus obras son maravillosas, y esto lo sé muy bien!"
Salmo 139:13–14 (NVI)

Hay momentos en la vida en los que parece más fácil creer que somos un pensamiento de último momento y no una intención divina. Tal vez por palabras que dijeron sobre ti, errores que cometiste, o temporadas en las que te sentiste ignorada o no deseada. Con el tiempo, esas experiencias pueden moldear silenciosamente la creencia de que fuiste un accidente, que estás por error, o que no eres exactamente lo que deberías haber sido. Pero el Salmo 139 cuenta una historia muy distinta.

Dios no solo permitió que existieras, Él te creó, formó tu ser interior con cuidado y atención, mucho antes de que alguien tuviera una opinión sobre ti, Dios ya estaba obrando, dando forma intencional a cada parte de quien eres. Tu personalidad, sensibilidad, fortaleza, creatividad, preguntas e incluso las partes que te parecen complicadas eran conocidas por Él. Fuiste idea de Dios antes de tú ser la responsabilidad de alguien más.

Cuando creemos que somos un error, solemos vivir como si tuviéramos algo que probar, buscamos aprobación, nos reducimos para encajar, pedimos disculpas por ocupar espacio. Pero cuando comenzamos a creer la verdad de la Palabra de Dios —que fuimos creadas de manera intencional y admirable— algo cambia. Dejamos de esforzarnos por ganar valor y comenzamos a vivir desde él.

Ser creada de manera admirable no significa que nunca dudarás ni lucharás, sino que tus luchas no cancelan tu valor, que tu historia no te descalifica y Dios no se equivocó cuando te creó.

Hoy es una invitación a confrontar con ternura la mentira de que alguna vez fuiste un error. La obra de Dios no produce accidentes. Estás aquí porque Él quiso que estuvieras aquí.

Aplicación Personal

Observa cómo hablas de ti misma, en voz alta y en tus pensamientos. Pídele a Dios que te muestre cualquier área donde, sin darte cuenta, hayas creído que no eres suficiente o que no debías estar aquí.

Pequeño Desafío

Escribe la frase: "Fui idea de Dios" en un lugar visible hoy. Dila en voz alta al menos una vez, aunque se sienta incómodo.

Pregunta Para Tu Diario Personal

¿Dónde he creído que soy un error?

Sé honesta con Dios así como escribes. Esto no se trata de avergonzarte o auto juzgarte, sino de traer mentiras escondidas a la luz, para que la verdad comience a reemplazarlas.

Día 2

Conocida Antes de Haber Sido Vista

"Antes de formarte en el vientre ya te conocía; antes de que nacieras, ya te había apartado; te había nombrado profeta para las naciones."
Jeremías 1:5 (NVI)

Existe un profundo consuelo en ser verdaderamente conocida, no de manera superficial por simplemente observación o asunción; sino vista en lo profundo y aun así ser amada. Con frecuencia, nuestra identidad se moldea por cómo otros nos perciben o nos tratan. Con el tiempo, podemos creer que nuestro valor depende de la visibilidad, la aprobación o el reconocimiento.

Jeremías 1:5 nos recuerda que mucho antes de que alguien te viera, Dios ya te conocía. Antes que tuvieras nombre, una personalidad que otros pudieran juzgar, incluso antes de que tuvieras logros o fracasos ligados a tu historia, Dios ya te conocía.

Esto significa que tu valor nunca ha dependido de cuán vista seas, ni de cuán comprendida te sientas. Dios no te descubrió después que te probaste a ti misma, Él te conocía antes de que hicieras cualquier cosa. Tus temores, anhelos, potencial, y aun tus futuras luchas no lo sorprendieron. Y aun así, te escogió.

Cuando olvidamos esta verdad, perseguimos la validación, tratamos de ser vistas de la manera correcta, por las personas adecuadas, en el tiempo anhelado. Tememos ser malentendidas o pasar desapercibidas. Pero la Palabra de Dios nos corrige con ternura: ser conocida por Dios es mayor que ser vista por las personas.

Ser conocida por Dios es ser acogida con intención: significa que tu vida no fue un error o coincidencia; fue un llamado. Aun si te sintieras invisible en esta temporada, el hecho de que eres conocida por Dios no se desvanece. Él nunca te ha perdido de vista.

Hoy descansa en esta verdad: no estás esperando ser notada, ya eres conocida.

Aplicación Personal

Reflexiona dónde buscas afirmación con más frecuencia. Pídele a Dios que te ayude a descansar en la seguridad de ser plenamente conocida por Él en lugar de buscar ser vista por otros.

Pequeño Desafío

Toma un tiempo a solas con Dios para agradecerle por conocerte por completo. Nombra una parte de ti que sueles esconder y reconoce que Dios la ve y aun así te ama.

Pregunta Para Tu Diario Personal

¿Cómo cambia mi manera de verme saber que Dios me conoció primero?

Escribe honestamente y sin presión. Permite que esta verdad transforme cómo ves tu valor y tu lugar en la historia de Dios.

Día 3

Apartada, No Excluida

"Pero ustedes son linaje escogido, real sacerdocio, nación santa, pueblo que pertenece a Dios, para que proclamen las obras maravillosas de aquel que los llamó de las tinieblas a su luz admirable."
1 Pedro 2:9 (NVI)

Es natural desear pertenecer, fuimos diseñados para conexión, comunidad, aceptación. Pero a veces, en ese deseo de pertenecer y encajar, corremos el riesgo de dejar de ser quienes realmente somos. Tratamos de copiar a otros, de cambiar para cumplir expectativas, o escondemos partes de nosotros que parecen "diferentes". Tememos destacar, pues esto a veces puede sentirse solitario, incómodo, e incluso riesgoso.

Sin embargo, la Palabra de Dios nos narra una historia diferente a esta mentalidad. 1 Pedro 2:9 nos recuerda que ser apartadas no es ser excluidas. Dios no te llamó a invisibilidad, te llamó a la distinción, a una vida que refleje Su gloria en maneras que solo tú puedes reflejar.

Ser apartada significa que tu singularidad tiene propósito. Tu voz, tus dones, tu historia e incluso tus particularidades no son errores; en cambio son la manera en que Dios muestra Su creatividad y Su sabiduría en el mundo. Cuando escondes o minimizas quién eres solo para encajar, le niegas a Dios la oportunidad de brillar a través de tu vida de una forma que nadie más puede.

Destacar no significa que siempre serás celebrada, no garantiza comodidad ni aprobación. Pero sí garantiza que estás viviendo de manera auténtica, tal como Dios lo diseñó. Él te creó para ser diferente, no desechable.

Hoy es una invitación a abrazar tu singularidad, aun cuando resulte incómodo. Has sido llamada a destacar con propósito, no a reducirte para cumplir las expectativas de otros.

Abrazar tu singularidad le da a Dios un lienzo único para mostrar Su gloria.

Aplicación Personal

Identifica áreas donde te has conformado para ser aceptada. Pídele a Dios valentía para abrazar lo que te hace única.

Pequeño Desafío

Identifica un aspecto de ti misma que sueles esconder para encajar. Compártelo hoy resumidamente. Podrías hacerlo en una conversación, en una publicación en tus redes, o en oración ante el Padre. ¡Celebra la valentía de ser auténtica!

Pregunta Para Tu Diario Personal

¿Dónde he tratado de encajar en lugar de destacar?

Escribe sin juzgarte. Reflexiona en por qué hay partes de ti que escondes y consideras cómo puedes comenzar a mostrarlas alineándolas con el propósito de Dios.

Día 4

Dios No Clona

Porque somos hechura de Dios, creados en Cristo Jesús para buenas obras, las cuales Dios dispuso de antemano a fin de que las pongamos en práctica."
Efesios 2:10 (NVI)

Puede ser tentador mirar a nuestro alrededor y asumir que existe una manera correcta de ser fieles, una forma perfecta de servir, o una manera única de vivir nuestro llamado. Cuando hacemos esto, comenzamos a medirnos con otros y a preguntarnos por qué nuestras vidas, dones o pasiones no se ven iguales. La comparación, de forma silenciosa, nos convence de que, si no encajamos en cierto molde, entonces algo estamos haciendo mal.

Pero Dios no trabaja en copias. Efesios 2:10 nos recuerda que somos hechura de Dios. La palabra señala a algo cuidadosamente diseñado, intencional, único en su especie. Dios no hace producción masiva de Sus hijos, Él diseña cada vida con propósito, entretejiendo personalidad, experiencias, fortalezas, y aún luchas, en maneras que son profundamente personales.

Te diseñó de manera intencional, las buenas obras que El preparó para ti ya están alineadas con quién eres. Esas obras no son asignaciones genéricas repartidas al azar. Están alineadas de manera única con quien tú eres. La forma en que amas a las personas, tu atención a los detalles, las cargas que llevas, las pasiones que mueven tu corazón y las historias que has vivido influyen en cómo Dios te invita a servirle. Lo que Él ha preparado para ti quizá no luzca impresionante ante el mundo, pero tiene un profundo valor a Sus ojos.

Cuando intentas imitar el llamado de otra persona, pierdes la libertad de caminar plenamente en el tuyo. Dios nunca tuvo la intención de que replicaras la vida de otra mujer; Su intención fue reflejar Su bondad a través de la tuya.

Hoy es un recordatorio de que no estás atrasada, ni eres inadecuada, ni estás fuera de camino solo porque tu trayectoria es diferente. Tu singularidad no es un problema que corregir; es un diseño en el que puedes confiar.

Aplicación Personal

Pídele a Dios que te ayude a reconocer las maneras en que Él ya ha estado obrando a través de tus dones, experiencias, y pasiones. Considera cómo tu historia de vida puede ser parte de la preparación para aquello a lo que Él te ha llamado.

Pequeño Desafío

Escribe tres cualidades o experiencias que te hacen única. Agradece a Dios por cada una de ellas y pídele que te enseñe cómo usarlas para bien de Su propósito.

Pregunta Para Tu Diario Personal

¿Qué buenas obras podría Dios haber preparado específicamente para mí?

Permítete soñar sin compararte ni presionarte. Escribe con honestidad cosas que sientes que Dios te está invitando a caminar en propósito.

Día 5

Diseñada, No Defectuosa

"Señor, tú eres nuestro padre; nosotros somos el barro, y tú el alfarero; todos somos obra de tu mano."
Isaías 64:8 (NVI)

Existe una creencia silenciosa que muchas mujeres cargan, que hay algo en ellas que necesita ser corregido antes de poder ser plenamente usadas por Dios. Tal vez se trate de un rasgo de personalidad que parece inconveniente, una sensibilidad emocional que se siente excesiva, o una debilidad que reaparece una y otra vez. Con el tiempo, estas cosas pueden comenzar a percibirse como defectos, en lugar de partes de un diseño intencional.

Isaías 64:8 nos ofrece una perspectiva distinta, nos recuerda que Dios es el alfarero y nosotros somos el barro. El barro no es rechazado por ser blando, irregular o inacabado; esas mismas cualidades son las que permiten que sea moldeado. En las manos de un alfarero experto, la presión no es castigo, sino parte del proceso.

Cuando nos etiquetamos como defectuosas, a menudo resistimos precisamente los lugares donde Dios desea obrar. Nos apresuramos a esconder nuestras debilidades en lugar de rendirlas. Pero Dios no se intimida por las partes de ti que se sienten desordenadas o incompletas. Él es paciente, es intencional, y está activamente formándote con cuidado.

Ser diseñada por Dios no significa que todo en tu vida se sienta fácil o pulido, sino que nada en ti es desperdiciado. Las áreas que desearías que fueran diferentes pueden ser justamente los lugares donde Dios está formando humildad, compasión, perseverancia o profundidad. Lo que hoy te parece un defecto puede convertirse mañana en un testimonio de Su fidelidad.

Hoy hay una invitación a soltar la creencia de que necesitas ser arreglada antes de tener valor. Dios no está reparando un error, está dando forma a Su creación.

Aplicación Personal

Observa cómo hablas de tus debilidades o limitaciones, pídele a Dios que te ayude a verlas a través de Su mirada, no como defectos, sino como espacios donde Él está obrando.

Pequeño Desafío

Elige un rasgo que sueles criticar de ti misma, escríbelo y luego anota una manera en que Dios podría usar ese rasgo para bien. Entrégaselo a Él en oración.

Pregunta Para Tu Diario Personal

¿Qué "defectos" en ti podría Dios estar formando y no corrigiendo?

Escribe con apertura y con gentileza. Permite que este sea un espacio donde el autojuicio dé paso a la confianza en las manos de Dios.

Día 6
Tu Temporada No Define Tu Valor

"Dios hizo todo hermoso en su debido tiempo, y puso en la mente humana el sentido del tiempo; aun así, el ser humano no alcanza a comprender la obra que Dios realiza de principio a fin."
Eclesiastés 3:11 (NVI)

Es fácil permitir que las temporadas moldeen la manera en que nos vemos a nosotras mismas. Cuando la vida se siente productiva, llena de gozo o de avance, solemos sentirnos seguras y confiadas. Pero cuando la vida se siente lenta, incierta o pesada, la duda puede empezar a infiltrarse silenciosamente. Comenzamos a cuestionar nuestro valor, nuestra dirección y, a veces, incluso el plan de Dios para nosotras.

Eclesiastés 3:11 nos recuerda que Dios está obrando en cada temporada, incluso en aquellas que se sienten incompletas o inciertas. El hecho de que no puedas ver el cuadro completo no significa que Dios no esté haciendo algo significativo. Tu valor nunca ha estado ligado a cuán fructífera o realizada parezca una temporada desde afuera.

Algunas temporadas son para sembrar, otras son para esperar, estan aquellas que nos invitan a sanar y las que son para un crecimiento que ocurre debajo de la superficie. Cada una tiene un propósito, aun cuando se sienta incómoda.

Cuando creemos que nuestro valor está definido por la temporada que atravesamos, nos apresuramos. Comparamos líneas de tiempos y plazos, nos sentimos atrasadas u olvidadas cuando la vida no luce como esperábamos. Pero el tiempo de Dios es intencional. Él ve el principio, el proceso, y el resultado al mismo tiempo. Lo que para ti parece una demora puede estar siendo cuidadosamente preparado por Él.

No eres más valiosa en temporadas de abundancia que en momentos de incertidumbre. No eres más amada cuando la vida tiene sentido. El amor de Dios y Su llamado sobre tu vida permanecen firmes, aun cuando todo lo demás parece moverse.

Hoy es una invitación a soltar la presión de tener que llegar a otro lugar. Dios está presente contigo aquí, formando algo hermoso a Su tiempo.

Aplicación Personal

Reflexiona sobre cómo tu temporada actual ha influido en la manera en que te ves a ti misma. Pídele a Dios que te ayude a separar tu valor de tus circunstancias.

Pequeño Desafío

Escribe una oración que describa tu temporada actual sin juicio. Luego escribe una manera en la que Dios podría estar obrando en ella, incluso si aún no estás completamente segura.

Pregunta Para Tu Diario Personal

¿En qué temporada estoy y cómo podría Dios estar obrando en ella?

Permítete ser honesta. No hay una temporada incorrecta en la que estar, y no hay ninguna parte de tu vida en la que Dios no esté presente.

Día 7

Dios Ve El Cuadro Completo

"El corazón humano genera muchos proyectos, pero al final prevalecen los designios del Señor."
Proverbios 16:9 (NVI)

Es natural hacer planes, soñamos, establecemos metas e imaginamos cómo se desarrollará nuestra vida. Cuando las cosas no salen conforme a esos planes, pueden surgir la frustración y confusión. Comenzamos a cuestionarnos si escuchamos mal a Dios o si tomamos decisiones equivocadas. A veces, la decepción crece simplemente porque la vida luce diferente a lo que esperábamos.

Proverbios 16:9 nos recuerda que el hombre planea su camino, pero el Señor dirige sus pasos. Esto no significa que tus planes hayan sido insensatos o incorrectos, antes bien que la perspectiva de Dios es más amplia que la tuya. Él ve conexiones que aún no puedes ver, resultados que no eres capaz de predecir, y un crecimiento que no tienes la visión de medir en el momento.

Tú ves un solo instante; Dios ve toda la historia.

Cuando nos cuesta confiar en el proceso, a menudo es porque queremos claridad antes que obediencia, o seguridad antes que rendición. Pero la guía de Dios suele venir paso a paso. Él nos invita a avanzar confiando, creyendo que está obrando incluso cuando el camino se siente incierto.

Confiar en el proceso de Dios no requiere entenderlo todo, sino creer que Dios es bueno y que Su dirección es intencional. Incluso los desvíos, las demoras, y las decepciones pueden ser parte de Su plan para formarte, protegerte o prepararte para lo que viene.

Hoy eres invitada a soltar el control de los resultados y a inclinarte hacia la confianza. Dios no ha perdido el control de tu historia. Él está dirigiendo fielmente cada paso, aun cuando todavía no puedas ver hacia dónde conduce el camino.

Aplicación Personal

Considera en qué áreas estás intentando controlar el resultado en lugar de confiar en la guía de Dios. Pídele que te ayude a soltar el temor y a abrazar la confianza.

Pequeño Desafío

Elige un plan o una expectativa que has estado agarrando con mucha fuerza. Ora por ello y colócalo intencionalmente en las manos de Dios, confiando en que Él guiará el resultado.

Pregunta Para Tu Diario Personal

¿Dónde necesito confiar más en el proceso de Dios?

Escribe con libertad acerca de las áreas de incertidumbre o frustración. Permite que este sea un momento de rendición y no de afán.

Día 8

Llevas Su Imagen

"Y Dios creó al ser humano a su imagen; lo creó a imagen de Dios. Hombre y mujer los creó."
Génesis 1:27 (NVI)

Desde el principio, Dios decidió revelar algo de Sí mismo a través de la humanidad. Génesis 1:27 nos dice que tanto el hombre como la mujer fueron creados a imagen de Dios. Esta verdad es fundamental, pero a menudo se pasa por alto o se malinterpreta. Llevar la imagen de Dios no significa que nos parezcamos a Él físicamente; sino que reflejamos Su carácter, Su creatividad, Su compasión, y Su autoridad en el mundo.

Como mujeres, puede ser fácil minimizar esta verdad. La cultura suele enviar mensajes contradictorios sobre lo que significa ser femenina, fuerte, tierna, capaz, o digna. A veces, incluso en espacios de fe se añade confusión en lugar de claridad. Sin embargo, la Palabra de Dios es clara: ser mujer no es una limitación para reflejar a Dios; es una de las maneras que Él escogió para hacerlo.

Reflejar la imagen de Dios como mujer significa que tu empatía importa, tu sabiduría vale. Tu capacidad de nutrir, liderar, crear, discernir, y de perseverar importan. Significa que tu voz tiene valor y tu presencia tiene propósito. Reflejas a Dios cuando amas, buscas la justicia, caminas en la verdad, y cuando extiendes gracia.

Esto no requiere perfección, reflejas a Dios no esforzándote por ser impecable, sino viviendo conectada a Él. Aun en la debilidad, Su imagen permanece. Aunque estés en temporadas de duda o cansancio, sigues siendo portadora de Su imagen.

Hoy es una invitación a honrar la manera en que Dios ha decidido reflejarse a través de ti. No necesitas reducirte, disculparte, ni disminuir quién eres. Fuiste creada para reflejarlo plena y hermosamente.

Aplicación Personal

Considera cómo ves tu identidad como mujer. Pídele a Dios que te revele cualquier creencia que te lleve a minimizar tu valor o tu papel en Su Reino.

Pequeño Desafío

Elige un atributo de Dios, como la compasión, la creatividad, la fidelidad, o la fortaleza. Refleja intencionalmente ese atributo en tus interacciones de hoy.

Pregunta Para Tu Diario Personal

¿Qué significa reflejar a Dios como mujer?

Escribe con libertad y de manera reflexiva. Permite que Dios amplíe tu comprensión de cómo Él resplandece a través de ti.

Día 9

Creada De Manera Admirable

"Tus ojos vieron mi cuerpo en gestación; todo estaba ya escrito en tu libro; todos mis días se estaban diseñando, aunque no existía uno solo de ellos."
Salmo 139:16 (NVI)

Hay partes de nuestra historia que celebramos con facilidad y otras que mantenemos guardadas. Los logros llenos de gozo, las victorias y los momentos de crecimiento suelen sentirse seguros para compartir. Pero los capítulos dolorosos, los tropiezos, las temporadas de confusión, o las experiencias que nos formaron de maneras inesperadas son, muchas veces, los que intentamos ocultar. Tememos que, si otros conocieran la historia completa, nos verían de otra manera.

Pero el Salmo 139:16 nos recuerda que Dios vio cada día de tu vida antes de que uno solo de ellos existiera. Nada de tu historia lo tomó por sorpresa, ni los desvíos, las demoras, el quebranto, la sanidad que tardó más de lo que esperabas. Dios no solo diseñó el comienzo de tu vida, ha estado presente e intencional en cada capítulo, incluso en aquellos que se sintieron desordenados o inconclusos.

Ser formada de manera maravillosa y admirable significa que tu historia tiene profundidad y significado, no perfección. Las partes que sientes la tentación de esconder pueden ser precisamente los lugares donde la gracia de Dios brilla con mayor claridad. Cuando honras tu historia en lugar de ocultarla, haces espacio para la sanidad, la libertad y la compasión hacia otros que caminan por senderos similares.

Honrar tu historia no significa glorificar el dolor ni minimizar las heridas, sino que implica reconocer que Dios ha sido fiel en todo y que entender tu pasado no te descalifica, sino que da forma al testimonio de Su bondad en tu vida.

Hoy es una invitación a mirar tu historia con honestidad y gracia. Dios no te pide que borres capítulos, te invita a verlos a través de Sus ojos.

Aplicación Personal

Reflexiona sobre las partes de tu historia que tiendes a evitar o a minimizar. Pídele a Dios que te ayude a ver dónde Él estuvo presente, aun cuando en ese momento no pudiste reconocerlo.

Pequeño Desafío

Escribe una parte de tu historia que normalmente mantienes oculta. Ora por ella y pídele a Dios que te ayude a mirarla con compasión en lugar de vergüenza.

Pregunta Para Tu Diario Personal

¿Qué parte de mi historia necesito honrar en lugar de esconder?

Tómate tu tiempo al escribir. Este es un espacio sagrado para la honestidad y la sanidad.

Día 10
Identidad Arraigada en el Creador

"Porque por medio de él fueron creadas todas las cosas en el cielo y en la tierra, visibles e invisibles, sean tronos, poderes, principados o autoridades; todo ha sido creado por medio de él y para él."
Colosenses 1:16 (NVI)

Es fácil permitir que la identidad se diluya, sin darnos cuenta, comenzamos a definirnos por lo que hacemos, por lo bien que rendimos, o por cómo otros responden a nosotras. Los títulos, los roles, las relaciones, logros, e incluso las luchas, pueden ir ocupando el centro. Cuando esas cosas cambian o desaparecen, nos quedamos preguntándonos quiénes somos realmente.

Colosenses 1:16 nos devuelve a lo que más importa. Todo fue creado por Dios y para Dios, incluyéndote a ti. Esto significa que tu identidad no es algo que tengas que construir o ganar; es algo que recibes. Cuando tu sentido de identidad está arraigado en el Creador, permanece firme aun cuando las circunstancias cambian.

Pertenecer a Dios te ancla, te recuerda que tu valor no sube ni baja según las temporadas, opiniones o resultados. Eres Suya por encima de cualquier otra cosa. Antes de ser productiva o exitosa, de sentirte segura o incierta, de estar sanada o todavía en proceso. Cuando recuerdas que perteneces a Dios, eres libre para vivir con seguridad y humildad al mismo tiempo. Ya no necesitas perseguir tu identidad a través de la comparación o la aprobación. Puedes descansar en la verdad de que tu vida tiene propósito porque tiene su origen en Él.

Esta verdad no elimina los desafíos ni las preguntas, pero te da un fundamento firme debajo de ellos. No estás tratando de descubrir quién eres por tu cuenta; estás aprendiendo a vivir desde la identidad que Dios ya te ha dado.

Al cerrar esta primera sección, tómate un momento para reflexionar en lo que Dios ha estado recordándote durante estos últimos diez días. Una identidad arraigada en el Creador no es algo que se visita una sola vez; es una verdad a la que se vuelve una y otra vez.

Aplicación Personal

Observa en qué áreas sueles definirte al margen de Dios. Con cuidado, reajusta tu identidad recordando que, ante todo, le perteneces a Él.

Pequeño Desafío

Comienza hoy diciendo esta oración en voz alta o por escrito: *"Dios, te pertenezco, ayúdame a vivir desde esta verdad."*

Pregunta Para Tu Diario Personal

¿Quién soy cuando recuerdo que pertenezco a Dios?

Escribe con libertad y sin presión. Permite que este sea un momento de arraigo y gratitud mientras te preparas para continuar el camino que tienes por delante.

Sección 2 (Días 11–20):

Mujeres Escogidas, Llamados Únicos

Descubriendo la Identidad a Través de las Mujeres que Dios Escogió

Día 11

Ester — Escogida para un Tiempo como Este

"Si ahora te quedas absolutamente callada, de otra parte vendrán el alivio y la liberación para los judíos, pero tú y la familia de tu padre perecerán. ¡Quién sabe si precisamente has llegado al trono para un momento como este!».
Esther 4:14 (NVI)

La historia de Ester suele recordarse por su valentía, pero antes de que su valentía se manifestara, hubo posicionamiento. Ella no eligió sus circunstancias, no planeó su camino hacia el palacio. Sin embargo, Dios estaba obrando en silencio mucho antes de que ella comprendiera el papel que habría de desempeñar.

Hay momentos en la vida en los que nos sentimos no calificados, no preparados, o inseguros de por qué estamos donde estamos. Es probable que Ester también haya sentido esa tensión. Era una joven común colocada en una posición extraordinaria, enfrentando una responsabilidad que parecía mucho mayor que sus fuerzas. Lo que lo cambió todo fue darse cuenta de que su vida no era algo al azar. Dios había sido intencional todo el tiempo.

Ester nos enseña que el propósito muchas veces se vuelve claro solo cuando ya estamos dentro de él. Dios no siempre explica Su plan con anticipación, a veces lo revela únicamente cuando la obediencia es requerida. La valentía de Ester no fue la ausencia de miedo, sino su disposición a confiar en que el tiempo de Dios era mayor que su comodidad.

Tal vez no te sientas valiente, o no te sientas lista, pero Dios no espera la perfección para posicionar a Su pueblo. Él nos coloca exactamente donde necesitamos estar y luego nos invita a confiar en Él para dar el siguiente paso.

Ser escogida no siempre significa sentirse segura, a menudo es estar disponible. Significa decir sí, aun cuando el resultado es incierto. Como Ester, quizá estés parada en un momento que importa más de lo que alcanzas a entender.

Tu temporada, tu influencia, tu voz, y tu obediencia pueden ser parte de algo mucho más grande de lo que ahora puedes ver. Dios no desperdicia nada, ni siquiera tu momento presente.

Aplicación Personal

Reflexiona sobre tus circunstancias actuales sin minimizarlas. Pide a Dios que te ayude a ver dónde Él puede estar obrando a través de ti, aun si se siente incómodo o inesperado.

Pequeño Desafío

Hoy, ora una oración de disponibilidad. Dile a Dios que estás dispuesta a ser usada donde estás, no solo donde te gustaría estar.

Pregunta Para Tu Diario Personal

¿Para qué "tiempo" podría Dios haberme posicionado?

Escribe con honestidad acerca de dónde te encuentras en tu vida en este momento. Considera cómo Dios podría estar invitándote a dar un paso adelante con confianza y valentía.

Día 12

Ester - Valentía por Encima de la Comodidad

«Ve y reúne a todos los judíos que están en Susa, para que ayunen por mí. Durante tres días no coman ni beban ni de día ni de noche. Yo, por mi parte, ayunaré con mis doncellas al igual que ustedes. Cuando cumpla con esto, me presentaré ante el rey, por más que vaya en contra de la ley. ¡Y, si perezco, que perezca!».
Ester 4:16

La valentía a menudo se parece menos a la confianza y más a la obediencia cuando estás frente al miedo. La decisión de Ester de acercarse al rey no estuvo impulsada por la certeza del resultado, sino por la rendición. Ella comprendió que la obediencia podía costarle su comodidad, su seguridad, e incluso su vida.

Hay momentos en los que Dios nos invita a escoger la fe por encima de lo familiar. La comodidad nos dice que guardemos silencio, que estemos en un lugar seguro, y que nos mantengamos pequeños. La obediencia nos pide confiar en Dios más que en nuestro deseo de control. Ester llegó a un punto en el que entendió que preservar su comodidad ya no era una opción. La fe requería acción.

Lo que hace tan poderosa la valentía de Ester es que ella no pretendió ser intrépida. Reconoció el riesgo, buscó apoyo por medio de la oración y el ayuno, y aun así dio el paso adelante. El verdadero valor no niega el miedo; pone el miedo en las manos de Dios y avanza confiando.

Tal vez estés en una encrucijada donde la obediencia se siente costosa. Puede que Dios te esté pidiendo hablar, dar un paso al frente, soltar algo, o confiarle un resultado final que no puedes predecir. El valor no significa que te sientas lista; sino que decides que Dios es digno de tu sí.

Ester nos recuerda que la obediencia muchas veces carga peso, pero también tiene propósito. Cuando elegimos el valor por encima de la comodidad, nos alineamos con el plan mayor de Dios, aun cuando no podamos ver el panorama completo.

Aplicación Personal

Identifica un área de tu vida donde el miedo ha sido más fuerte que la fe. Invita a Dios a ese espacio y pídele la fortaleza para obedecer, aun cuando se sienta incómodo.

Pequeño Desafío

Da hoy un paso intencional que refleje obediencia por encima de la comodidad. Puede ser una conversación, una oración, o una decisión que has estado evitando.

Pregunta Para Tu Diario Personal

¿Qué miedo necesito rendir a la obediencia?

Escribe con honestidad acerca de lo que se siente arriesgado en este momento. Pide a Dios que te ayude a confiarle el resultado.

Día 13

María-Favorecida, No Olvidada

"—No tengas miedo, María; Dios te ha concedido su favor —le dijo el ángel—
Lucas 1:30

Cuando Dios llamó a María "favorecida", su vida no se volvió repentinamente fácil, de hecho, el plan de Dios complicó de inmediato su futuro. El favor no significó comodidad, claridad, ni control, sino ser escogida para algo santo y de gran peso.

María era joven, desconocida, y vivía una vida ordinaria cuando Dios interrumpió sus planes. El llamado puesto sobre ella implicaba riesgo, malentendidos, y sacrificio. Y aun siendo así, Dios no pasó por alto su temor ni sus preguntas. La encontró exactamente donde estaba y le recordó que ella era vista.

Es fácil igualar el favor con bendiciones que se sienten bien, pero en la Escritura, el favor a menudo viene acompañado de responsabilidad. Dios confía en aquellos a quienes favorece, los invita a participar en Su obra, aun cuando la asignación se siente abrumadora.

La respuesta de María no estuvo basada en la confianza en sí misma, sino en la confianza en Dios. Ella no tenía todas las respuestas, pero eligió la rendición por encima de la certeza. Su disposición no eliminó el miedo, pero permitió que el plan de Dios se desarrollara a través de su vida.

Tal vez te sientas abrumada por lo que Dios te está pidiendo, puede que te sientas incapaz o insegura. Eso no significa que hayas sido olvidada, quizás indica que has sido favorecida. Dios ve tu corazón, tu obediencia, y tu disponibilidad.

Ser favorecida no significa que el camino sea fácil, sino que Dios ha decidido obrar a través de ti. Aun cuando Su plan se sienta más grande que tus fuerzas, Su presencia siempre será suficiente.

Aplicación Personal

Reflexiona sobre las áreas donde la dirección a la que Dios te está dirigiendo se siente pesada o poco clara. Pídele que te ayude a ver Su favor incluso cuando el camino se sienta abrumador.

Pequeño Desafío

Hoy, practica la rendición a través de la oración. Dile a Dios que confías en Él aun en aquello que todavía no entiendes.

Pregunta Para Tu Diario Personal

¿Cómo respondo cuando el plan de Dios se siente abrumador?

Escribe acerca de tus emociones con honestidad. Invita a Dios a tus temores, preguntas, e incertidumbres.

Día 14

María - Decir Sí Sin Tener Todas las Respuestas

«—Aquí tienes a la sierva del Señor —contestó María—. Que él haga conmigo como me has dicho».
Lucas 1:38 (NVI)

El "sí" de María no fue dado con un mapa claro, ella no sabía cómo reaccionarían las personas, cómo se desarrollaría su futuro, ni cómo Dios obraría cada detalle. Lo que sí sabía era quién era Dios. Su obediencia estaba arraigada en la confianza, no en el entendimiento.

Hay algo profundamente poderoso en decirle sí a Dios cuando el resultado no es claro. A menudo queremos seguridad antes de obedecer, garantías antes de rendirnos. Pero la fe no exige un conocimiento completo; exige confianza en el carácter de Dios.

La respuesta de María fue un acto de humildad y valentía, puso su vida en las manos de Dios, confiando en que Sus planes eran mayores que su temor. No exigió respuestas; ofreció disponibilidad. Y a través de ese sencillo sí, Dios dio a luz algo milagroso.

Dios sigue invitando a Su pueblo a confiar en Él en medio de lo desconocido. Puede que te esté llamando a dar un paso adelante sin claridad, a soltar el control, o a creerle en una temporada que se siente incierta. La confianza no es pasiva; es una decisión activa de apoyarse en Dios cuando la lógica no alcanza.

Tu sí puede sentirte pequeña, sentirte silenciosa, pero la obediencia, aun cuando es susurrada, puede abrir la puerta a la obra más grande de Dios. Cuando dices sí sin tener todas las respuestas, haces espacio para que Dios se mueva de maneras que jamás podrías imaginar.

Aplicación Personal

Piensa en aquellas áreas donde estás buscando certeza antes de obedecer. Pide a Dios que te ayude a confiar en Él aun cuando el camino por delante no sea claro.

Pequeño Desafío

Hoy, elige un área en la que practicarás confiar en Dios sin necesitar todos los detalles. Entrégale esa área en oración.

Pregunta Para Tu Diario Personal

¿Dónde me está invitando Dios a confiar?

Escribe acerca de dónde percibes que Dios te está llamando a rendir el control y a dar un paso adelante en fe.

Día 15

Rut - Fidelidad en lo Ordinario

«—No me ruegues que te abandone ni que me aparte de ti —respondió Rut—. Porque a donde tú vayas, iré yo; y donde tú vivas, viviré yo. Tu pueblo será mi pueblo, y tu Dios será mi Dios».
Rut 1:16 (NVI)

La historia de Rut comienza con pérdida, incertidumbre, y una decisión inesperada. Ella no estaba entrando en comodidad ni en seguridad. Estaba eligiendo la fidelidad en medio de lo desconocido. Su decisión de permanecer con Noemí no fue dramática ni llamativa. Fue silenciosa, leal, y arraigada en el amor.

La fidelidad suele ser mucho menos atractiva de lo que imaginamos, es presentarse cuando la vida se siente pesada; es elegir el compromiso cuando irse sería más fácil. Rut no sabía cómo se desarrollaría su historia; solo sabía dónde estaba llamada a estar.

En la Escritura, Dios muchas veces obra a través de la obediencia ordinaria. La disposición de Rut para caminar junto a Noemí, trabajar en los campos, y mantenerse leal en los pequeños momentos, la posicionó para una historia más grande de lo que ella podía ver. Su fidelidad en lo oculto llegó a formar parte del plan redentor de Dios.

Tal vez sientas que tus decisiones diarias son insignificantes. Puede que te preguntes si tu fidelidad importa cuando nadie está mirando, pero Dios ve cada acto silencioso de obediencia. Él honra la constancia, la humildad, y la confianza en lo cotidiano.

Ser fiel no requiere una plataforma ni reconocimiento, demanda un corazón que escoge a Dios una y otra vez en los momentos ordinarios. Como Rut, tu fidelidad en las cosas pequeñas puede estar dando forma a algo mucho más grande de lo que imaginas.

Aplicación Personal

Examina las áreas de tu vida que se sienten rutinarias o pasadas por alto. Pide a Dios que te ayude a ver cómo tu fidelidad diaria refleja tu confianza en Él.

Pequeño Desafío

Hoy, practica intencionalmente la fidelidad en una tarea ordinaria. Ofrécela a Dios como un acto de adoración.

Pregunta Para Tu Diario Personal

¿Cómo se ve la fidelidad en mi vida diaria?

Escribe acerca de dónde Dios te está invitando a permanecer firme, comprometida, y presente.

Día 16

Rut-Dios Redime los Desvíos

«Que el Señor te recompense por lo que has hecho. ¡Que el Señor, Dios de Israel, bajo cuyas alas has venido a refugiarte, te lo pague con creces!»
Rut 2:12 (NVI)

Rut no se propuso recorrer el camino por el que terminó caminando. Su vida tomó un giro inesperado marcado por la pérdida, el cambio de lugar, y la incertidumbre. Lo que pudo haberse sentido como un desvío era en realidad parte de la provisión y la protección de Dios.

Dios a menudo obra a través de rutas que no elegiríamos para nosotros mismos. Los desvíos pueden sentirse confusos e incluso desalentadores. Interrumpen nuestros planes y desafían nuestras expectativas. Sin embargo, la Escritura nos recuerda que Dios no nos abandona en caminos desconocidos; Él camina con nosotros a través de ellos.

La fidelidad de Rut la llevó a campos que no conocía, bajo el cuidado de un Dios en quien todavía estaba aprendiendo a confiar. Lo que parecía solo supervivencia, en realidad era preparación. Dios ya estaba organizando favor, cobertura, y redención mucho antes de que Rut lo reconociera.

Tal vez estés caminando por un camino que nunca planeaste tomar. Puede que te sientas retrasada, redirigida, o insegura acerca de lo que sigue. Pero los desvíos no significan descalificación. Dios redime lo que parece interrumpido. Él entreteje propósito en lo inesperado.

La bendición de Dios no se limita a líneas rectas. A menudo nos encuentra en las curvas, en las pausas y en los lugares donde menos esperábamos estar. Cuando confías en Él con tus desvíos, le permites revelar Su fidelidad de nuevas maneras.

Aplicación Personal

Reflexiona sobre las áreas de tu vida que se sienten fuera de rumbo. Pide a Dios que te ayude a ver dónde puede estar obrando a través de lo que se siente inesperado.

Pequeño Desafío

Hoy agradece a Dios por un desvío en tu vida. Aunque todavía se sienta difícil, reconoce Su presencia en medio de él.

Pregunta Para Tu Diario Personal

¿Qué "desvío" podría Dios estar redimiendo en este momento?

Escribe acerca de dónde te sientes redirigida. Invita a Dios a mostrarte Su propósito en el camino que estás recorriendo.

Día 17
Débora - Liderando con la Autoridad de Dios

«Débora, que era profetisa y esposa de Lapidot, gobernaba a Israel en aquel tiempo. Se sentaba bajo la Palmera de Débora, entre Ramá y Betel, en la región montañosa de Efraín; y los israelitas acudían a ella para que resolviera sus disputas».
Jueces 4:4–5 (NVI)

El liderazgo de Débora estaba arraigado en la obediencia, no en la ambición. Ella no buscó lugar de autoridad para beneficio personal; caminó con seguridad en el rol que Dios le había confiado. Como profetisa y jueza, Débora lideró con sabiduría, valentía, y discernimiento espiritual en un tiempo en el que el liderazgo requería una fe audaz.

La historia de Débora nos recuerda que Dios llama a las mujeres a liderar de maneras que reflejan Su autoridad y Su carácter. Su influencia provenía de escuchar a Dios y responder con fidelidad. No se echó hacia atrás, ni esperó permiso para caminar en su llamado. Ella confió en que Dios la había capacitado para la tarea.

Liderar con la autoridad de Dios no significa dominar a otros, sino servir con humildad, hablar la verdad con valentía, y actuar en obediencia aun cuando el liderazgo se siente incómodo. Débora entendía que la verdadera autoridad fluye de la sumisión a Dios.

Tal vez te sientas dudosa para dar un paso en el liderazgo. El miedo, la inseguridad o la comparación pueden intentar convencerte de que no estás calificada. Pero el llamado de Dios no se basa en estándares humanos. Cuando Él llama, Él capacita. Cuando Él posiciona, Él empodera.

Puede ser que Dios te esté invitando a liderar en tu hogar, trabajo, iglesia, o en tu comunidad. El liderazgo no siempre viene con un título; a menudo comienza con la obediencia. Como Débora, puedes liderar con valentía cuando tu confianza está arraigada en la autoridad de Dios y no en tus propias fuerzas.

Aplicación Personal

Considera las áreas donde Dios te ha dado influencia. Pídele que te muestre cómo liderar con sabiduría, valentía, y humildad.

Pequeño Desafío

Hoy, da un paso valiente de liderazgo, habla la verdad, toma una decisión, o anima a alguien con una confianza fundamentada en Dios.

Pregunta Para Tu Diario Personal

¿Dónde me ha llamado Dios a dar un paso al frente con valentía?

Escribe acerca de dónde percibes que Dios te está invitando a liderar. Reflexiona sobre cómo puedes confiar en Su autoridad al avanzar.

Día 18
Ana- Las Oraciones Sinceras Importan

«Yo le pedí al Señor este hijo, y él me concedió lo que le había pedido».
1 Samuel 1:27 (NVI)

La historia de Ana está marcada por un anhelo profundo y un sufrimiento silencioso. Sus oraciones no fueron pulidas ni cuidadosamente formuladas. Fueron crudas, emocionales, y honestas. Ella llevó su dolor delante de Dios sin filtrar sus sentimientos ni ocultar su decepción.

Dios no nos pide que oremos de manera perfecta; nos invita a orar con transparencia. El ejemplo de Ana nos muestra que la honestidad en la oración no es debilidad, es confianza. Ella creyó que Dios podía sostener sus lágrimas, su desesperación, y sus deseos no cumplidos.

Con demasiada frecuencia nos contenemos en la oración porque tememos la decepción, o sentimos vergüenza por lo que anhelamos. Pero Dios ya conoce la profundidad de nuestro corazón. Él no es indiferente a nuestro dolor; está atento a él.

La oración de Ana no manipuló a Dios; se rindió a Él. Ella derramó su alma y dejó el resultado en las manos de Dios. Su historia nos recuerda que Dios escucha las oraciones hechas en fe, aun cuando son susurradas entre lágrimas.

Tal vez estés cargando una oración que has evitado expresar. Puede sentirse demasiado vulnerable, dolorosa o personal. Pero Dios te invita a traerla delante de Él. Las oraciones honestas abren la puerta para que la paz, la presencia, y el propósito de Dios nos encuentren en medio de la espera.

Aplicación Personal

Reflexiona sobre tu vida de oración. Pide a Dios que te ayude a acercarte a Él con honestidad y apertura, confiando en que Él escucha cada palabra.

Pequeño Desafío

Hoy ora con honestidad acerca de un deseo o una lucha que has estado guardando. Exprésalo en voz alta o escríbelo como un acto de confianza.

Pregunta Para Tu Diario Personal

¿Qué oración he estado reteniendo?

Escribe con libertad, sin editarte. Invita a Dios a los lugares que has mantenido ocultos.

Día 19
La Mujer Samaritana Vista y Conocida

«Vengan a ver a un hombre que me ha dicho todo lo que he hecho. ¿No será este el Cristo?»
Juan 4:29 (NVI)

La mujer samaritana junto al pozo tenía un pasado que ella pensaba que la hacía indigna de atención o respeto. Sin embargo, Jesús la vio, cada detalle de ella, su historia, y su corazón. La conocía por completo y se acercó a ella con dignidad, verdad, y gracia. No fue descartada, avergonzada ni pasada por alto. Fue conocida y valorada.

Con demasiada frecuencia creemos que nuestro pasado nos descalifica del amor o del propósito de Dios. Cargamos vergüenza, arrepentimiento, o humillación, pensando que esas cosas nos vuelven invisibles o indignos. Pero la Escritura nos muestra que la mirada de Dios es radicalmente distinta. Él ve más allá de los errores y las etiquetas. Ve a una hija amada, una obra en proceso, y un instrumento de Su amor.

El encuentro en el pozo nos recuerda que ser plenamente conocidos no requiere perfección. Dios nos encuentra tal como estamos y nos llama a un futuro moldeado por Su gracia. La historia de la mujer samaritana no terminó en su pasado; su pasado se convirtió en un puente hacia el testimonio y la transformación.

Tú también eres vista y conocida por Dios. Tu historia no define tu identidad, aquello que podrías considerar descalificante puede convertirse precisamente en el lugar donde Dios muestre redención, valentía, y testimonio.

Hoy es una invitación a dejar de escondernos y a comenzar a abrazar la verdad de que Dios te conoce por completo y aun así te llama a avanzar.

Aplicación Personal

Reflexiona sobre las áreas de tu vida donde sientes vergüenza o no te sientes digna. Pide a Dios que te ayude a verte a través de Sus ojos y no desde el lente de errores pasados.

Pequeño Desafío

Identifica una parte de tu pasado que has creído que te descalifica. Agradece a Dios porque Él te ve más allá de eso y pídele que te ayude a avanzar con libertad.

Pregunta Para Tu Diario Personal

¿En qué áreas he creído que mi pasado me descalifica?

Escribe con apertura, sabiendo que este es un espacio seguro para confrontar viejas creencias que llevan a engaño y abrazar la perspectiva de Dios.

Día 20

Dios Usa a las Mujeres Tal Como Son

«Pero Dios escogió lo insensato del mundo para avergonzar a los sabios, y escogió lo débil del mundo para avergonzar a los poderosos».
1 Corintios 1:27 (NVI)

Dios no espera la perfección antes de actuar, Él no llama a quienes lo tienen todo resuelto, ni exige currículos impecables, pasados sin mancha, o una confianza intocable. La Escritura nos recuerda que a Dios le agrada usar a aquellos que el mundo suele pasar por alto: quienes se sienten ordinarios, no calificados, o incluso inadecuados.

1 Corintios 1:27 señala una verdad profunda: Dios escoge a las personas no por su perfección, sino para Su gloria. Él toma lo que tenemos, quiénes somos, y dónde estamos, y lo usa de maneras mucho más allá de lo que podemos imaginar. Tu personalidad, tus dones, tu historia, e incluso tus debilidades forman parte de Su plan.

A menudo son las excusas las que nos detienen, nos decimos que somos demasiado jóvenes, muy inexpertas, que nos sentimos cansadas o comunes. Sin embargo, el poder de Dios resplandece con mayor fuerza en la debilidad y la humildad humanas. Cuando damos un paso adelante tal como somos, Él amplifica nuestra obediencia y la convierte en impacto.

No necesitas ser alguien más ni arreglarlo todo antes de que Dios pueda usarte. Él usa a mujeres dispuestas, disponibles, y confiadas, aun cuando se sienten no preparadas. Tu sí, ofrecido con fidelidad, se convierte en un instrumento para la obra de Dios.

Aplicación Personal

Reflexiona sobre las áreas en las que has dudado en avanzar debido a limitaciones que percibes o excusas. Pide a Dios que te muestre cómo puede usarte tal como eres.

Pequeño Desafío

Hoy, identifica una excusa que te ha impedido obedecer a Dios o perseguir Su llamado. Da un pequeño paso para soltarla, ya sea mediante la oración, una acción concreta, o una decisión de confiar en Él.

Pregunta Para Tu Diario Personal

¿Qué excusas estoy lista para soltar?

Escribe con honestidad acerca de lo que te ha detenido. Entrégale esas excusas a Dios y pídele que te muestre cómo puedes usar tu disposición.

Sección 3 (Días 21–30):

Rompiendo Mentiras de Identidad

Viviendo libres del temor, la Cultura, y la Comparación

Día 21

Nombrando las Mentiras

«No se amolden al mundo actual, sino sean transformados mediante la renovación de su mente. Así podrán comprobar cuál es la voluntad de Dios, buena, agradable y perfecta».
Romanos 12:2 (NVI)

El crecimiento a menudo comienza con la conciencia. Antes de que la verdad pueda echar raíces plenamente, las mentiras deben ser identificadas. Muchas de las creencias que cargamos acerca de nosotros mismos se formaron a través de la comparación, la decepción, el rechazo, o palabras que fueron dichas sobre nosotros y que nunca estuvieron destinadas a definirnos.

Romanos 12:2 nos recuerda que la transformación ocurre cuando nuestra mente es renovada. Esta renovación requiere honestidad, debemos estar dispuestas a confrontar los pensamientos que moldean la manera en que nos vemos y preguntarnos si están alineados con la verdad de Dios. Las mentiras tienen poder cuando no se nombran; una vez expuestas, pierden su dominio.

Algunas mentiras suenan familiares y convincentes: "No eres suficiente. Te quedaste atrás. Perdiste tu oportunidad. Nunca cambiarás". Estos pensamientos influyen silenciosamente en nuestras decisiones, nuestra confianza, y nuestra obediencia. Sin embargo, la verdad de Dios comunica un mensaje diferente. Él te llama escogida, capaz, redimida, y amada.

Nombrar las mentiras no se trata de autocondenación, sino libertad. Cuando llevas las falsas creencias a la luz, creas espacio para que Dios las reemplace con Su verdad. Dios no nos avergüenza por haber creído mentiras; con ternura nos invita a intercambiarlas por Sus promesas.

Hoy es una invitación a detenerte y escuchar tu diálogo interior. Lo que crees acerca de ti misma importa. Dios desea renovar tu manera de pensar para que tu vida refleje Su verdad y no las mentiras que han permanecido por demasiado tiempo.

Aplicación Personal

Presta atención a los pensamientos recurrentes que afectan tu confianza, tu identidad, o tu fe. Pide a Dios que te ayude a reconocer cuáles de esos pensamientos no están arraigados en Su verdad.

Pequeño Desafío

Escribe una mentira que hayas creído acerca de ti misma. Luego, reemplázala de manera intencional con una verdad de la Palabra de Dios.

Pregunta Para Tu Diario Personal

¿Qué mentiras acerca de mí misma he creído por demasiado tiempo?

Sé honesta y específica. Invita a Dios a renovar tu mente con Su verdad mientras escribes.

Día 22

La Verdad de Dios Te Hace Libre

«Y conocerán la verdad, y la verdad los hará libres».
Juan 8:32 (NVI)

La verdad no es solo información, es transformación. La verdad de Dios tiene el poder de romper cadenas, cambiar perspectivas, y restaurar lo que ha sido distorsionado por el temor o por creencias falsas. Cuando Jesús habló de que la verdad nos haría libres, se refería a una libertad que comienza en el corazón y en la mente.

Muchas mentiras permanecen con poder porque no son confrontadas. De manera silenciosa moldean nuestra identidad, decisiones, y confianza. Pero la Palabra de Dios ofrece algo más fuerte, su verdad trae claridad donde ha permanecido la confusión, y paz donde el temor ha echado raíces.

La libertad no viene de ignorar las mentiras ni de esforzarnos más para vencerlas; viene de reemplazarlas intencionalmente por la verdad. La verdad de Dios no es dura ni condenatoria, es firme, dadora de vida, y arraigada en el amor. A medida que te sumerges en Su Palabra, la verdad comienza a transformar la manera en que te ves a ti misma y al mundo que te rodea.

Elegir la verdad es una práctica continua, cada día ofrece oportunidades para renovar la mente alineando los pensamientos con las promesas de Dios. Cuando la verdad se establece, crea espacio para la sanidad, la confianza, y el crecimiento.

Hoy es una invitación a permitir que la Palabra de Dios hable más fuerte que las mentiras que has creído. Su verdad no está destinada a cargarte; está destinada a liberarte.

Aplicación Personal

Reflexiona sobre las áreas donde las mentiras han influido en tus pensamientos o acciones. Pide a Dios que te guíe hacia la verdad que Él quiere que abraces.

Pequeño Desafío

Escoge un versículo de la Palabra de Dios que hable directamente a una mentira que has creído. Escríbelo y regresa a él a lo largo del día.

Pregunta Para Tu Diario Personal

¿Qué verdad de la Palabra de Dios necesito hoy para reemplazar una mentira?

Escribe acerca de la mentira que estás soltando y de la verdad que decides abrazar en su lugar.

Día 23

Tú No Eres Tu Pasado

«Olviden las cosas de antaño; ya no vivan en el pasado. ¡Voy a hacer algo nuevo! Ya está sucediendo, ¿no se dan cuenta? Estoy abriendo un camino en el desierto y ríos en lugares desolados».
Isaías 43:18–19 (NVI)

Es fácil permitir que las experiencias pasadas moldeen la manera en que nos vemos a nosotras mismas. Errores, remordimientos, pérdida, e incluso temporadas de dolor pueden convertirse silenciosamente en etiquetas que seguimos cargando. Pero la Palabra de Dios nos recuerda que nuestro pasado no es nuestra identidad. Es parte de nuestra historia, no la definición de en quién nos estamos convirtiendo.

Isaías 43 habla de Dios haciendo algo nuevo, esto no significa borrar lo que ha sucedido, sino negarnos a vivir como si el pasado tuviera la última palabra. Dios reconoce dónde has estado mientras te invita a mirar hacia adelante con esperanza y expectativa.

Aferrarnos al pasado puede limitar nuestra capacidad de reconocer lo que Dios está haciendo ahora. La vergüenza nos mantiene estancadas; el temor nos convence de que el cambio es imposible. Pero Dios se especializa en la renovación, Él abre caminos donde no parecen existir y trae vida a lugares que se sienten áridos.

No estás atada a quien solías ser, la gracia de Dios se extiende más allá de tus fracasos y de tu dolor. Él está obrando activamente, formando un futuro arraigado en la redención y el propósito. Cuando entregas el pasado en Sus manos, haces espacio para lo próximo que Él desea edificar en tu vida.

Soltar no siempre es fácil, pero trae libertad. Dios te invita a confiarle tu pasado para que puedas caminar hacia adelante en la plenitud de quien Él te ha llamado a ser.

Aplicación Personal

Reflexiona sobre las áreas donde las experiencias pasadas aún influyen en cómo te ves. Pide a Dios que te ayude a soltar aquello que ya no se alinea con Su verdad.

Pequeño Desafío

Escribe un recuerdo o una etiqueta de tu pasado que te ha estado frenando. Ora sobre ello y colócalo de manera intencional en las manos de Dios.

Pregunta Para Tu Diario Personal

¿Qué parte de mi pasado sigo permitiendo que me defina?

Escribe con honestidad acerca de lo que has estado cargando. Invita a Dios a mostrarte cómo Él está creando algo nuevo.

Día 24

Silenciando la Voz de la Comparación

«Cada cual examine su propia conducta; si tiene de qué sentirse orgulloso, que no se compare con nadie».
Gálatas 6:4 (NVI)

La comparación tiene una forma silenciosa de distorsionar la identidad. Desvía nuestro enfoque de quiénes Dios nos creó para ser y lo coloca en medirnos con los demás. Con el tiempo, la comparación roba el gozo, la confianza y el contentamiento, dejándonos sentir inferiores o falsamente superiores.

Dios nunca tuvo la intención de que tu vida fuera un proyecto de comparación. Gálatas 6:4 nos invita a concentrarnos en nuestra propia obra, nuestro propio llamado, y nuestro propio crecimiento. Cuando nos medimos según el camino de otra persona, perdemos de vista la senda única que Dios ha puesto delante de nosotros.

La comparación a menudo revela anhelos más profundos. Puede señalar inseguridad, temor a quedarnos atrás, o un deseo de afirmación. Pero Dios es tan bueno que nos encuentra en esos lugares y nos recuerda que nuestro valor no está determinado por tiempos, apariencias, o logros.

Silenciar la comparación requiere enfoque intencional: significa escoger la gratitud en lugar de la envidia y la confianza en vez de la competencia. El plan de Dios para tu vida no se reduce cuando alguien más tiene éxito, hay espacio para todos dentro de Su propósito.

Cuando sueltas la necesidad de compararte, creas espacio para crecer con libertad y confianza. Dios te invita a caminar tu propio camino con fe, sabiendo que Él guía cada paso de manera única e intencional.

Aplicación Personal

Observa los momentos en los que la comparación se infiltra en tus pensamientos. Pide a Dios que te ayude a redirigir tu enfoque hacia la gratitud y la fidelidad.

Pequeño Desafío

Hoy, deja de seguir, silencia, o aléjate de algo que detone comparaciones poco saludables. Reemplaza ese tiempo con oración o reflexión.

Pregunta Para Tu Diario Personal

¿Con quién me comparo más, y por qué?

Escribe con honestidad acerca de tus comparaciones. Invita a Dios a transformar tu perspectiva y a afirmar tu camino único.

Día 25

Escogida, No Pasada por Alto

«Pero ahora, así dice el Señor, el que te creó, Jacob, el que te formó, Israel: "No temas, que yo te he redimido; te he llamado por tu nombre; tú eres mío"»
Isaías 43:1 (NVI)

El temor a ser pasada por alto es profundo, susurra que otros son vistos, escogidos, o celebrados, mientras nosotras permanecemos desapercibidas. En los momentos de silencio, puede llevarnos a cuestionar nuestro valor, nuestro tiempo, y hasta la atención de Dios hacia nosotras.

Isaías 43:1 habla directamente a ese temor: Dios no solo te conoce, te llama por tu nombre. No estás perdida entre la multitud ni olvidada en la espera. Eres vista de manera intencional, profundamente conocida y personalmente escogida.

Ser escogida por Dios no siempre significa reconocimiento inmediato, a menudo indica ser guardada, protegida, y preparada de formas que todavía no alcanzamos a ver. La atención de Dios no está dividida, Su cuidado no se retrasa, Su amor por ti es deliberado y constante.

Puede que te sientas invisible en tu trabajo, relaciones, o en tu fidelidad, pero Dios ve cada acto silencioso, cada oración y temporada de espera. Su elección no depende de la visibilidad ni de la aprobación, está arraigada en Su amor inmutable.

Cuando el temor te diga que has sido pasada por alto, regresa a la verdad, perteneces a Dios, eres Suya. Y nada en tu vida pasa desapercibido ante Él.

Aplicación Personal

Reflexiona sobre los momentos en los que te sientes invisible u olvidada. Pide a Dios que te recuerde Su presencia y Su propósito en esos espacios.

Pequeño Desafío

Hoy declara Isaías 43:1 sobre tu vida. Permite que Su verdad reemplace el temor y la incertidumbre.

Pregunta Para Tu Diario Personal

¿Dónde temo ser olvidada o pasada por alto?

Escribe con apertura acerca de dónde aparece este temor. Invita a Dios a encontrarte allí con seguridad y paz.

Día 26

Libres del Valor Basado en el Desempeño

«Porque por gracia ustedes han sido salvados mediante la fe; esto no procede de ustedes, sino que es el regalo de Dios, no por obras, para que nadie se jacte».
Efesios 2:8–9 (NVI)

Es fácil caer en la creencia de que nuestro valor es algo que debemos ganar. Nos esforzamos, actuamos, y tratamos de probarnos con la esperanza de ser suficientes. Con el tiempo, esta mentalidad puede infiltrarse en nuestra fe, convirtiendo la gracia en una lista de tareas, y la relación en una obligación.

Efesios 2:8–9 nos recuerda que la salvación es un regalo, no se alcanza mediante el esfuerzo ni la perfección. El amor de Dios no es una recompensa por buen comportamiento; es dado libremente. Cuando olvidamos esta verdad, comenzamos a medirnos por lo que hacemos en lugar de por quiénes somos en Cristo.

El valor basado en el desempeño produce agotamiento: nos dice que el descanso debe ganarse y que los errores nos descalifican. Sin embargo, Dios nos invita a una forma distinta de vivir, nos llama a descansar en la gracia, a recibir en lugar de esforzarnos, y a confiar en que Su amor es seguro.

No necesitas impresionar a Dios, Él no está esperando a que hagas todo bien antes de abrazarte. Tu valor fue establecido en la cruz, la obediencia fluye del amor, no del temor. La fe crece mejor en libertad, no bajo presión.

Soltar la necesidad de buscar tu valor mediante el desempeño no significa abandonar la responsabilidad; antes bien cambiar la motivación. Cuando tu valor está arraigado en la gracia, la obediencia se convierte en una respuesta de gratitud, y no en un intento desesperado por ganar aprobación.

Aplicación Personal

Observa las áreas donde te sientes impulsada por la presión más que por la paz. Pide a Dios que te ayude a soltar la necesidad de desempeño para ganar valor, y a recibir Su gracia de manera más plena.

Pequeño Desafío

Hoy descansa intencionalmente en la presencia de Dios sin tratar de demostrar nada. Dedica un tiempo a la oración o al silencio, simplemente recibiendo Su amor.

Pregunta Para Tu Diario Personal

¿En qué me siento presionada que debo "ganar" por mi esfuerzo en mi vida o en mi fe?

Escribe con honestidad acerca de dónde el desempeño ha reemplazado a la gracia. Invita a Dios a recordarte que tu valor ya está seguro.

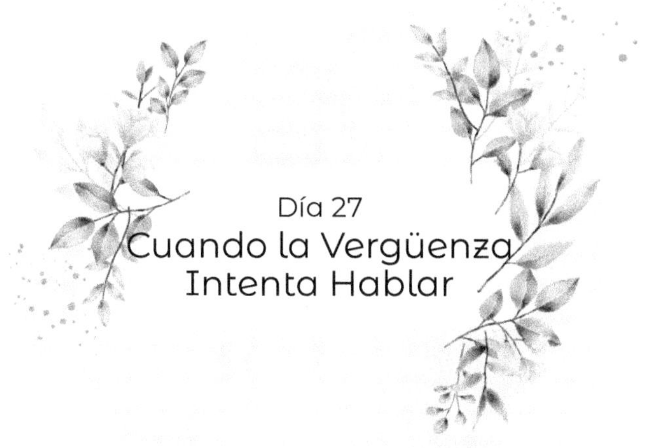

Día 27
Cuando la Vergüenza Intenta Hablar

«Por lo tanto, ya no hay ninguna condenación para los que están en Cristo Jesús».
Romanos 8:1 (NVI)

La vergüenza tiene una forma persistente de quedarse, nos recuerda fracasos pasados, errores, y momentos que desearíamos poder borrar. Aun después del perdón, la vergüenza muchas veces intenta hablar más fuerte que la gracia, convenciéndonos de que seguimos siendo definidas por lo que hicimos.

Romanos 8:1 declara una verdad poderosa: "no hay condenación para los que están en Cristo Jesús". Esto significa que la vergüenza no tiene autoridad sobre tu identidad, el perdón de Dios es completo y Su gracia es suficiente.

La condenación aísla y acusa; la convicción, en cambio, nos conduce al arrepentimiento y a la restauración. Dios nunca usa la vergüenza para acercarnos a Él; usa el amor. Cuando la vergüenza habla, es importante reconocer que su voz no proviene de Dios.

Vivir libres de la vergüenza requiere creer lo que Dios dice, aun cuando nuestras emociones se resistan. La libertad comienza cuando dejamos de estar de acuerdo con la vergüenza y empezamos a alinearnos con la verdad. Eres perdonada,redimida, has sido hecha nueva.

Cuando la vergüenza intente reaparecer, vuelve a la promesa de Romanos 8:1, permite que ancle tu corazón. Dios te echa en cara tu pasado; te invita a avanzar con confianza, cubierta por la gracia.

Aplicación Personal

Presta atención a los momentos en los que la vergüenza afecta tus pensamientos o acciones. Pide a Dios que te ayude a distinguir entre convicción y condenación.

Pequeño Desafío

Hoy declara Romanos 8:1 en voz alta cada vez que la vergüenza intente surgir. Permite que la verdad interrumpa las mentiras.

Pregunta Para Tu Diario Personal

¿Cómo me transforma saber que no hay condenación?

Escribe acerca de cómo esta verdad cambia la manera en que te ves a ti misma, tu fe, y tu futuro.

Día 28

Dios Te Llama por Tu Nombre

«El portero le abre la puerta, y las ovejas oyen su voz. Llama por nombre a las ovejas y las saca».
Juan 10:3 (NVI)

Ser conocida por nombre es profundamente personal. En Juan 10, Jesús se describe a sí mismo como un pastor que no guía desde la distancia, Él conoce a Sus ovejas de manera individual, las llama por nombre, y las conduce con cuidado. Esta imagen refleja el deseo de Dios de tener una relación, no anonimato.

El conocimiento que Dios tiene de ti va más allá de los detalles superficiales. Él conoce tus pensamientos, temores, deseos, y tus oraciones antes de que las expreses. No eres una más entre muchas para Él. Eres vista de manera personal, conocida intencionalmente y, profundamente amada.

Cuando la vida se siente abrumadora o solitaria, es fácil creer que pasamos desapercibidas. Pero la voz de Dios llama en medio del ruido. Él te habla de forma personal, guiándote con paciencia y gracia. Su llamado no es genérico, es específico y relacional.

Saber que Dios te llama por nombre nos invita a la intimidad, significa que tu historia importa, tus oraciones son escuchadas, tu obediencia es vista. No caminas sola. Dios está activamente involucrado en tu vida, guiándote con cuidado.

Hoy es una invitación a escuchar la voz de Dios y a confiar en que Él te conoce por completo. No estás perdida entre la multitud, eres conocida y amada por Aquel que te guía.

Aplicación Personal

Reflexiona sobre cómo percibes tu relación con Dios. Pídele que te ayude a crecer en la conciencia de Su presencia personal en tu vida.

Pequeño Desafío

Dedica hoy unos momentos de quietud. Pide a Dios que te hable y escucha sin apresurarte.

Pregunta Para Tu Diario Personal

¿Qué significa que Dios me conozca de manera personal?

Escribe acerca de cómo esta verdad impacta tu sentido de identidad, seguridad y fe.

Día 29

Llevando Cautivo Todo Pensamiento

«Destruimos argumentos y toda altivez que se levanta contra el conocimiento de Dios, y llevamos cautivo todo pensamiento para que se someta a Cristo».
2 Corintios 10:5 (NVI)

Nuestros pensamientos moldean nuestras creencias, y nuestras creencias influyen en la manera en que vivimos, si no se examinan, los pensamientos negativos o falsos pueden echar raíces silenciosamente y dirigir nuestras decisiones. La Escritura nos recuerda que no todo pensamiento merece nuestro acuerdo.

Llevar cautivos los pensamientos requiere conciencia e intención, significa detenernos lo suficiente para preguntarnos si un pensamiento se alinea con la verdad de Dios o la contradice. Los pensamientos que conducen al temor, la vergüenza, o la desesperanza a menudo necesitan ser rendidos en lugar de ser entretenidos.

Esta práctica no se trata de reprimir las emociones ni de fingir que todo está bien, se trata de escoger la verdad en medio de la lucha. Cuando rendimos nuestros pensamientos a Dios, le permitimos transformar nuestra perspectiva y restaurar la paz.

Dios no espera que manejes tu mente por tu cuenta. Él te invita a llevar tus pensamientos delante de Él, confiando en que Su verdad es más fuerte que las mentiras que enfrentas. Con el tiempo, esta rendición se convierte en un hábito que trae libertad y claridad.

Hoy es una invitación a colaborar con Dios en la renovación de tu mente, puede que no puedas controlar cada pensamiento que llega, pero sí puedes escoger cuáles permites que permanezcan.

Aplicación Personal

Observa los patrones de pensamiento que afectan tu estado de ánimo, tu confianza o tu fe. Pide a Dios que te ayude a identificar los pensamientos que necesitan ser rendidos.

Pequeño Desafío

Cuando hoy surja un pensamiento negativo o falso, haz una pausa y entrégalo conscientemente a Dios. Reemplázalo con una verdad de Su Palabra.

Pregunta Para Tu Diario Personal

¿Qué pensamientos recurrentes necesito rendir a Dios?

Escribe con honestidad acerca de ese pensamiento. Invita a Dios a ayudarte a reemplazarlo por verdad y paz.

Día 30

Caminando Hacia Adelante en la Verdad

«Tu palabra es una lámpara a mis pies; es una luz en mi sendero».
Salmos 119:105 (NVI)

La verdad no está destinada a quedarse en lo teórico, está llamada a guiar la manera en que vivimos. El Salmo 119 describe la Palabra de Dios como una luz que ilumina el camino paso a paso. No siempre revela todo el recorrido, pero ofrece la claridad suficiente para avanzar con confianza.

Después de confrontar mentiras, soltar la vergüenza, y renovar la mente, Dios te invita a caminar de una manera diferente. La verdad se convierte en una guía constante que da forma a tus decisiones, reacciones, y perspectiva. Cuando la vida se siente incierta, la Palabra de Dios te ancla, ofreciendo dirección incluso en momentos de poca luz.

Caminar hacia adelante en la verdad requiere confianza, significa elegir la perspectiva de Dios aun cuando desafíe viejos patrones o temores conocidos. Cada paso dado en fe fortalece la confianza, no en ti misma, sino en el Dios que te guía.

No se espera que tengas todo resuelto, Dios te encuentra así como avanzas. A medida que continúas caminando en la verdad, Él provee claridad, paz, y fortaleza a lo largo del camino.

Hoy no marca un final, sino una continuación. Las verdades que has abrazado están destinadas a impulsarte hacia adelante, moldeando cómo vives, y en quién te conviertes. Permite que la Palabra de Dios siga siendo tu guía al avanzar hacia lo que Él ha preparado para ti.

Aplicación Personal

Reflexiona sobre las verdades que has aprendido y cómo han dado forma a tu manera de pensar. Pide a Dios que te ayude a aplicarlas de manera constante en tu vida diaria.

Pequeño Desafío

Elige una verdad de esta sección y aplícala intencionalmente hoy en una decisión o situación.

Pregunta Para Tu Diario Personal

¿Qué verdad guiará mis pasos de ahora en adelante?

Escribe acerca de la verdad que deseas llevar contigo. Pide a Dios que te ayude a caminar en ella con confianza y fe.

Sección 4 (Días 31–40):

Llegando a Ser Quien Dios Dice que Eres

Caminando Cada Día en una Identidad Renovada

Día 31

Una Nueva Creación

«Por lo tanto, si alguno está en Cristo, es una nueva creación. ¡Lo viejo ha pasado; ha llegado ya lo nuevo!»
2 Corintios 5:17 (NVI)

Cuando venimos a Cristo, todo cambia. No somos simplemente mejoradas o ajustadas; somos hechas nuevas. 2 Corintios 5:17 nos recuerda que lo viejo ha pasado y que todo ha sido hecho nuevo, esto incluye nuestra identidad, perspectiva, y la manera en que nos relacionamos con Dios y con el mundo que nos rodea.

Soltar identidades anteriores puede sentirse incómodo, hábitos, etiquetas, y definiciones personales que antes parecían familiares pueden resistirse al cambio. Sin embargo, la transformación de Dios no se trata de perder quién eres, sino de entrar plenamente en quien Él siempre te creó para ser.

Llegar a ser una nueva creación no ocurre de la noche a la mañana, comienza con la rendición y con decisiones diarias de alinear tus pensamientos, acciones, y creencias con la verdad de Dios. Cada paso hacia adelante es un paso lejos de una identidad moldeada por el temor, la vergüenza, o la comparación, y un paso hacia la libertad que Cristo ofrece.

Dios te invita a soltar lo viejo y abrazar lo nuevo, tu pasado no te define, tus fracasos no te descalifican. Has sido hecha nueva, escogida, y amada de maneras que solo Dios puede orquestar.

Aplicación Personal

Reflexiona sobre las partes de tu identidad que ya no reflejan quién Dios te está llamando a ser. Pídele que te ayude a soltar esas versiones antiguas de ti misma.

Pequeño Desafío

Hoy identifica una identidad o creencia pasada que necesite ser dejada atrás. Declárale a Dios que estás entrando en la nueva creación que Él ha hecho de ti.

Pregunta Para Tu Diario Personal

¿Qué identidad del pasado necesito soltar?

Escribe con apertura acerca de las etiquetas, hábitos, o definiciones personales que estás lista para dejar. Invita a Dios a llenar ese espacio con Su verdad y con una identidad renovada.

Día 32

Escogida y Adoptada

«Dios nos escogió en él antes de la creación del mundo, para que seamos santos y sin mancha delante de él. En amor nos predestinó para ser adoptados como hijos suyos por medio de Jesucristo, según el buen propósito de su voluntad».
Efesios 1:4–5 (NVI)

Antes de la fundación del mundo, Dios te escogió, te adoptó en Su familia, no por algo que hiciste, sino por Su amor y Su propósito. Ser hija de Dios no es solo un título, es una verdad que da forma a cada aspecto de quién eres.

Efesios 1:4–5 nos recuerda que somos amadas, aceptadas y posicionadas como herederas en el reino de Dios. Esto significa que tu valor no se gana mediante el desempeño ni la aprobación de otros, ya está asegurado por la gracia de Dios. Tu identidad está arraigada en la relación, no en el reconocimiento.

Ser hija de Dios transforma la manera en que te ves en cada área de la vida, eres valiosa, amada, y capacitada. Tus decisiones, luchas, y victorias están sostenidas dentro del contexto de Su amor. Cuando surgen la duda, el temor o la comparación, puedes regresar a esta verdad fundamental.

La adopción de Dios también conlleva responsabilidad, no para ganar Su amor, sino para vivir de una manera que lo refleje. Invita a la confianza, al valor, y a una profunda conciencia de pertenencia. Cuando sabes que has sido escogida, tus acciones fluyen desde la identidad y no desde la inseguridad.

Hoy es un recordatorio de que el amor de Dios precede y sobrepasa todo lo demás. Eres Su hija, plenamente conocida, y profundamente amada.

Aplicación Personal

Reflexiona sobre cómo el saber que eres hija de Dios influye en tu confianza, tus decisiones, y la manera en que te percibes. Pídele que te ayude a vivir plenamente en esta verdad.

Pequeño Desafío

Hoy declara en voz alta: «Soy la hija amada de Dios», cada vez que aparezca la inseguridad o la duda. Permite que esta verdad afirme tu identidad.

Pregunta Para Tu Diario Personal

¿Cómo moldea el ser hija de Dios la manera en que me veo a mí misma?

Escribe acerca de cómo la adopción de Dios en Su familia transforma tu perspectiva, tus decisiones, y tu sentido de valor.

Día 33

Viva en Cristo

«He sido crucificado con Cristo, y ya no vivo yo sino que Cristo vive en mí. Lo que ahora vivo en el cuerpo, lo vivo por la fe en el Hijo de Dios, quien me amó y dio su vida por mí»
Gálatas 2:20 (NVI)

Estar viva en Cristo significa más que creer, es vivir en relación y colaboración con Él. Gálatas 2:20 nos presenta una imagen de rendición y transformación, Cristo vive en ti, y tu vida se convierte en una expresión de Su amor, Su poder, y Su propósito. Ya no eres definida únicamente por tu pasado, tus errores, o tu propio esfuerzo. Eres definida por Él.

Esta realidad es a la vez liberadora e intencional, la libertad nace de saber que tu identidad está segura en Cristo, no en el desempeño ni en la aprobación. La intencionalidad surge al elegir permitir que Su Espíritu guíe diariamente tus pensamientos, y acciones. Cuando Cristo vive a través de ti, incluso los momentos ordinarios se convierten en oportunidades sagradas para obedecer y amar.

Vivir en Cristo también transforma la perspectiva, tus deseos, prioridades, y aspiraciones comienzan a alinearse con Su voluntad. Las decisiones ya no giran solo en torno al interés personal, son guiadas por Su presencia en ti. Esto no se trata de perderte a ti misma, sino de vivir plenamente como la persona que Dios creó: empoderada y renovada.

Hoy es una invitación a dar un paso hacia esta vida de comunión. Permite que Cristo moldee tus decisiones, relaciones, y tu corazón mientras caminas en Su poder y en Su amor.

Aplicación Personal

Reflexiona sobre las áreas de tu vida en las que todavía intentas vivir con tus propias fuerzas. Pide a Dios que te ayude a rendirlas para que Cristo viva a través de ti.

Pequeño Desafío

Identifica hoy una acción en la que puedas invitar intencionalmente a Cristo a guiar tus palabras o decisiones. Haz una pausa y ora antes de responder.

Pregunta Para Tu Diario Personal

¿Qué significa que Cristo viva a través de mí?

Escribe acerca de maneras prácticas en las que puedes reflejar Su vida y Su amor hoy, tanto en momentos ordinarios como en decisiones intencionales.

Día 34

Libre, No Condenada

«Por lo tanto, ya no hay ninguna condenación para los que están en Cristo Jesús, pues por medio de él la ley del Espíritu que da vida me ha liberado de la ley del pecado y de la muerte».
Romanos 8:1–2 (NVI)

Es fácil vivir como si nuestros errores pasados o luchas actuales nos definieran. La vergüenza y la culpa pueden sentirse pesadas, convenciéndonos de que aún estamos bajo juicio. Romanos 8:1–2 nos recuerda que esta no es la verdad para quienes pertenecen a Cristo, no hay condenación, has sido liberada.

La libertad no significa perfección; sino liberación. La ley del Espíritu en Cristo Jesús te ha liberado del poder del pecado y de la culpa. Ya no estás atrapada por el peso de lo que no puedes deshacer. En cambio, estás capacitada para vivir en la verdad de que Dios ya te ha declarado perdonada y aceptada.

Vivir en libertad requiere reconocer dónde aún estás de acuerdo con la condenación. Esto puede manifestarse como autocrítica, temor, o duda para avanzar en el llamado de Dios. La libertad no es pasiva; es una decisión diaria de creer lo que Dios dice acerca de ti, en lugar de lo que susurra la vergüenza.

Hoy es una invitación a vivir plenamente en la gracia de Dios. Su Espíritu te ha liberado de la condenación para que camines con valentía, confianza, y amor como Su hija.

Aplicación Personal

Reflexiona sobre las áreas donde la vergüenza o la culpa aún influyen en tus pensamientos, decisiones, o conducta. Pide a Dios que te muestre dónde sigues estando de acuerdo con la condenación.

Pequeño Desafío

Hoy cuando surja la condenación, haz una pausa y declara Romanos 8:1–2 sobre tu vida. Proclama tu libertad en Cristo.

Pregunta Para Tu Diario Personal

¿En qué áreas sigo viviendo como si estuviera condenada?

Escribe con honestidad sobre los momentos en los que te sientes atrapada por la culpa o la vergüenza. Invita al Espíritu de Dios a reemplazar la condenación con Su verdad y libertad.

Día 35

Arraigadas en el Amor

«Para que Cristo habite por la fe en sus corazones. Y pido que, arraigados y cimentados en amor, puedan comprender, junto con todos los santos, cuán ancho, largo, alto y profundo es el amor de Cristo; en fin, que conozcan ese amor que sobrepasa nuestro conocimiento, para que sean llenos de la plenitud de Dios».
Efesios 3:17–19 (NVI)

El amor de Dios no es superficial ni condicional, es profundo, firme, y capaz de sostener cada parte de tu corazón. Efesios 3:17–19 nos recuerda que estar arraigadas y cimentadas en el amor significa permitir que la presencia de Dios se establezca profundamente en nosotras, moldeando la manera en que nos vemos a nosotras mismas, a los demás, y al mundo.

Cuando comprendemos la anchura, longitud, altura, y la profundidad del amor de Dios, somos transformadas. Ese amor nos fortalece en momentos de duda, nos anima cuando nos sentimos débiles, y nos sostiene cuando la vida se vuelve incierta. El amor se convierte tanto en un fundamento como en el lente a través del cual vemos nuestra identidad.

Estar arraigadas en el amor de Dios significa creer que nada —ni errores pasados, ni luchas presentes, ni temores futuros— puede separarnos de Él. Nos permite permanecer firmes con confianza, vivir con valentía, y extender gracia tanto a nosotras mismas como a los demás. El amor no se gana, se recibe.

Hoy es una invitación a examinar cuán profundo es tu creer en el amor de Dios. Permite que ese amor penetre, se establezca en tu corazón, y ancle tu identidad.

Aplicación Personal

Reflexiona sobre cómo el amor de Dios moldea la manera en que te percibes, tu confianza y tus decisiones diarias. Pídele que te ayude a recibirlo plenamente, aun cuando surjan dudas.

Pequeño Desafío

Hoy haz una pausa y medita en un aspecto específico del amor de Dios: Su constancia, poder, o Su profundidad. Permite que guíe tus pensamientos y acciones.

Pregunta Para Tu Diario Personal

¿Qué tan profundamente creo que Dios me ama?

Escribe con honestidad sobre las áreas donde tu fe es fuerte y aquellas donde aún persiste la duda. Invita a Dios a profundizar tu conciencia y experiencia de Su amor.

Día 36
Segura en la Obra de Dios

«Estoy convencido de esto: el que comenzó tan buena obra en ustedes la irá perfeccionando hasta el día de Cristo Jesús».
Filipenses 1:6 (NVI)

La obra de Dios en tu vida está en proceso, Filipenses 1:6 nos recuerda que Aquel que comenzó una buena obra en ti la llevará a su cumplimiento. Esta verdad trae paz cuando la vida se siente incierta, inconclusa, o desordenada. No eres responsable de completar lo que solo Dios puede perfeccionar.

Es fácil sentir ansiedad por las áreas que parecen incompletas: relaciones, sueños, hábitos, o sanidad emocional. Sin embargo, Dios está obrando activamente, formando, refinando, y preparándote para la plenitud de Su plan. No has sido olvidada, y nada es desperdiciado.

Confiar en la obra de Dios requiere paciencia, rendición, y perspectiva. Significa soltar la necesidad de controlar los tiempos, resultados, o la perfección. En lugar de eso, descansas en la seguridad de que el plan de Dios es bueno, Su tiempo es perfecto, y Su amor es inmutable.

Hoy es una invitación a soltar el control y a caminar con confianza. Puedes confiar en que la obra que Dios ha comenzado en ti es segura y será perfeccionada conforme a Su propósito.

Aplicación Personal

Reflexiona sobre las áreas de tu vida que se sienten inconclusas o inciertas. Pide a Dios que te ayude a confiar en que Él continuará Su obra sin ansiedad ni autocondenación.

Pequeño Desafío

Identifica un área en la que has estado tratando de controlar el resultado. Entrégala a Dios en oración y suelta esa carga en Sus manos.

Pregunta Para Tu Diario Personal

¿Qué área inconclusa de mi vida necesito confiarle a Dios?

Escribe con honestidad sobre aquello a lo que te has estado aferrando. Invita a Dios a fortalecer tu confianza y a recordarte que Él es fiel para completar lo que comenzó.

Día 37

Renovando la Voz Interior

«...y se han puesto la nueva naturaleza, que se va renovando en conocimiento a imagen de su Creador».
Colosenses 3:10 (NVI)

Nuestros pensamientos moldean nuestra identidad más de lo que muchas veces reconocemos. Colosenses 3:10 nos recuerda que la renovación es posible. Al abrazar a Cristo, nuestra voz interior puede ser transformada para reflejar la verdad de Dios en lugar de mentiras, vergüenza, o temor.

Cambiar la manera de pensar no sucede de la noche a la mañana, comienza con la conciencia: reconocer los mensajes negativos, dañinos, o falsos que hemos creído acerca de nosotras mismas. La renovación ocurre cuando, de forma intencional, reemplazamos esos pensamientos con las promesas y la perspectiva de Dios.

Este proceso permite que tu diálogo interior se convierta en un aliado y no en un enemigo. Cuando tu mente se alinea con la verdad de Dios, se fortalecen la confianza, la claridad, y la paz. La manera en que te percibes cambia: de la duda a la seguridad, del temor a la libertad.

Hoy es una invitación a prestar atención a tus pensamientos y a declarar la verdad de Dios sobre tu mente. Permite que Su Palabra renueve tu perspectiva y transforme la forma en que te ves a ti misma.

Aplicación Personal

Reflexiona sobre tus patrones de pensamiento, pide a Dios que te ayude a identificar las áreas donde aún persisten mentiras y donde Su verdad puede echar raíces.

Pequeño Desafío

Hoy escribe un pensamiento negativo recurrente y contrarréstalo con un versículo o una verdad de la Palabra de Dios. Repítelo a lo largo del día.

Pregunta Para Tu Diario Personal

¿Cómo ha comenzado a cambiar mi manera de pensar?

Escribe acerca de los cambios que has notado en tu mente y en tu corazón. Celebra el progreso, por pequeño que sea, e invita a Dios a continuar la transformación.

Día 38

Viviendo desde la Gracia

«Así que acerquémonos confiadamente al trono de la gracia para recibir misericordia y hallar la gracia que nos ayude en el momento que más la necesitamos».
Hebreos 4:16 (NVI)

La gracia lo cambia todo. Hebreos 4:16 nos invita a acercarnos al trono de la gracia de Dios con confianza, no con vacilación. Vivir desde la gracia significa que ya no nos esforzamos por ganar aprobación, ni intentamos desempeñarnos a la perfección, ni vivimos con temor al fracaso. En cambio, descansamos en la certeza de que el amor, la misericordia, y la aceptación de Dios son constantes.

Cuando vivimos desde la gracia, nuestra perspectiva se transforma, los errores se convierten en oportunidades de crecimiento y no en motivos de vergüenza, los desafíos pasan a ser momentos para depender de Dios y no de nosotras mismas. Nuestro valor queda anclado en el amor de Dios, no en lo que hacemos o logramos.

La gracia también nos capacita para vivir con valentía. Saber que somos plenamente aceptadas nos permite caminar en el llamado de Dios con coraje, orar con honestidad, y actuar con fidelidad. La verdadera confianza no nace de la autosuficiencia, sino de descansar en la verdad inquebrantable de que el favor de Dios nos cubre.

Hoy es una invitación a dejar de esforzarte y comenzar a descansar. Permite que la gracia dé forma a tu manera de pensar, hablar, y actuar. Camina con confianza, sabiendo que el amor de Dios te encuentra en cada momento.

Aplicación Personal

Reflexiona sobre las áreas donde aún intentas ganarte el favor de Dios. Pídele que te ayude a abrazar Su gracia como el fundamento para vivir y servir.

Pequeño Desafío

Hoy acércate a Dios en oración con valentía y honestidad. Comparte tus necesidades, temores y deseos, confiando en que Su gracia te sostendrá.

Pregunta Para Tu Diario Personal

¿Cómo puedo acercarme a Dios con mayor confianza?

Escribe acerca de las maneras en que la gracia te invita a dejar el esfuerzo y a comenzar a confiar. Observa cómo la confianza en Dios es diferente de la autosuficiencia.

Día 39

Firmes en la Identidad

«Por eso, de la manera que recibieron a Cristo Jesús como Señor, vivan ahora en él, arraigados y edificados en él, confirmados en la fe como se les enseñó, y llenos de gratitud».
Colosenses 2:6–7 (NVI)

Tu identidad en Cristo es un fundamento que no puede ser sacudido. Colosenses 2:6–7 nos recuerda que debemos continuar viviendo en Él, arraigadas, y edificadas en la fe, tal como fuimos enseñadas. Cuando la vida desafía tu sentido de valor o despierta dudas, este arraigo te mantiene firme.

Permanecer firme requiere intencionalidad, significa volver a la verdad de Dios cuando las mentiras, comparación, o la inseguridad intentan infiltrarse. Estar afirmada en tu identidad no es algo pasivo; es una práctica diaria de escoger la perspectiva de Dios por encima de la del mundo.

Echar raíces en Cristo también impulsa el crecimiento. Cuando estás bien arraigada, puedes dar fruto espiritual, extender gracia, y responder con confianza en lugar de temor. La identidad se convierte en una fuente de fortaleza, no en algo frágil que puede ser sacudido por las circunstancias o las opiniones.

Hoy es una invitación a examinar cuán firme te sientes. ¿Están tus raíces profundas en la Palabra de Dios, la oración, y Sus promesas? Cuanto más profundas crecen, más resiliente te vuelves en tu fe y en tu identidad.

Aplicación Personal

Reflexiona sobre las prácticas espirituales, las Escrituras y las verdades que te mantienen firme. Pide a Dios que te ayude a profundizar tus raíces en Él.

Pequeño Desafío

Hoy elige un hábito —leer un versículo, orar, o meditar en la verdad de Dios— para reforzar tu identidad en Cristo.

Pregunta Para Tu Diario Personal

¿Qué me ayuda a mantenerme firme en quién Dios dice que soy?

Escribe acerca de las prácticas, personas, o recordatorios que anclan tu identidad. Considera cómo fortalecer esas raíces de ahora en adelante.

Día 40

Llegando a Ser, No a Alcanzar Algo

«La senda de los justos es como la luz de la aurora, que va en aumento hasta que el día alcanza su plenitud».
Proverbios 4:18 (NVI)

La vida en Cristo es un camino, no un producto terminado. Proverbios 4:18 nos recuerda que la senda de la justicia resplandece cada vez más con el tiempo. El crecimiento puede ser gradual, pero es real. Constantemente estás llegando a ser la persona que Dios creó, aun cuando la meta parezca lejana.

Es fácil desanimarse cuando el progreso parece lento o imperfecto. Pero "llegar a ser" pone el énfasis en el movimiento, no en la finalización. Cada pequeño paso de obediencia, confianza, y rendición importa. Dios valora tu fidelidad en el proceso, no solo los resultados.

Reconocer el crecimiento —aunque sean pequeños cambios en la perspectiva, los patrones de pensamiento, o las acciones— afirma la verdad de que Dios está obrando. Estás siendo refinada, formada, y fortalecida de maneras que quizá aún no ves, pero que brillarán con claridad en el tiempo oportuno.

Hoy es una invitación a celebrar el progreso, por pequeño que parezca. No estás atrasada, no estás fallando; estás en el proceso de llegar a ser, y Dios está guiando cada paso.

Aplicación Personal

Reflexiona sobre las áreas en las que has crecido espiritual, emocional, o mentalmente. Reconoce las pequeñas victorias que podrían pasar desapercibidas.

Pequeño Desafío

Hoy, identifica un área de crecimiento, por pequeña que sea, y agradece a Dios por ella. Considera escribir cómo has visto Su obra en tu vida.

Pregunta Para Tu Diario Personal

¿Dónde veo crecimiento, aunque sea pequeño?

Escribe con honestidad sobre el progreso que has hecho, los cambios en tu manera de pensar, o los pasos que has dado hacia convertirte en quien Dios te ha llamado a ser. Celebra incluso las señales más pequeñas de cambio.

Sección 5 (Días 41–50):

Única en Cada Temporada

En Cada Temporada, Él Permanece

Día 41

Dios Obra en Cada Temporada

«Todo tiene su momento oportuno; hay un tiempo para todo lo que se hace bajo el cielo».
Eclesiastés 3:1 (NVI)

Cada vida atraviesa distintas temporadas, algunas se sienten llenas y fructíferas, mientras que otras se perciben silenciosas, inciertas, o incluso dolorosas. Eclesiastés 3:1 nos recuerda que cada temporada tiene un propósito bajo la autoridad de Dios. Ninguna es desperdiciada, y ninguna llega por accidente.

Puede ser tentador medir tu valor según la temporada en la que te encuentras. Las temporadas de crecimiento suelen reafirmar, mientras que las de espera o poda pueden desanimar. Pero Dios está tan presente y activo en la obra invisible como en el fruto visible. Cada temporada trae lecciones que forman tu fe, fortalecen tu confianza, y refinan tu identidad.

Comprender tu temporada actual ayuda a soltar la comparación y la impaciencia. No necesitas apresurarte ni desear que el presente pase. Dios está obrando justo donde estás, preparándote para lo que sigue en Su tiempo perfecto.

Hoy date permiso para estar donde estás. Confía en que Dios es intencional, fiel, y profundamente involucrado en cada capítulo de tu vida.

Aplicación Personal

Reconoce tu temporada actual sin juzgarla. Invita a Dios a mostrarte cómo Él está presente y obrando en medio de ella.

Pequeño Desafío

Tómate hoy unos momentos de quietud para orar por tu temporada. Pregunta a Dios qué desea hacer crecer o enseñarte ahora.

Pregunta Para Tu Diario Personal

¿En qué temporada me encuentro en este momento?

Describe cómo se siente esta temporada y dónde percibes a Dios obrando, aun si el fruto todavía no es visible.

Día 42

Esperar Sin Perder el Ánimo

«Guarda silencio ante el Señor, y espera en él con paciencia; no te alteres por los que prosperan en su camino, por los que llevan a cabo sus intrigas».
Salmos 37:7 (NVI)

Esperar puede ser una de las disciplinas espirituales más difíciles. Salmos 37:7 nos invita a guardar silencio ante el Señor y a esperar pacientemente en Él. Esperar no significa no hacer nada; en cambio es confiar en que Dios está obrando aun cuando parece que nada está cambiando.

En las temporadas de espera, la duda y el desánimo pueden infiltrarse. Puedes preguntarte si Dios te ve, te escucha, o recuerda Sus promesas. Pero a menudo es en la espera donde la fe se profundiza. La espera estira la confianza, fortalece la perseverancia, y refina nuestra dependencia de Dios más que de los resultados.

El tiempo de Dios nunca se apresura ni llega tarde, mientras esperas, Él está formando tu corazón, alineando tus deseos, y preparando tanto a ti como a la respuesta. Esperar sin perder el ánimo significa escoger la esperanza cada día, aun cuando el progreso se sienta invisible.

Hoy permite que la espera se convierta en un acto de adoración. En lugar de esforzarte o preocuparte, descansa en la certeza de que Dios es fiel y está atento a cada detalle de tu vida.

Aplicación Personal

Reflexiona sobre las áreas donde la espera te está desgastando. Invita a Dios a esos momentos de incertidumbre y pídele que renueve tu confianza.

Pequeño Desafío

Elige hoy una manera de practicar la paciencia. Puede ser a través de la oración, la quietud, o resistir el impulso de apresurar una decisión.

Pregunta Para Tu Diario Personal

¿En qué estoy esperando a Dios?

Escribe con honestidad acerca de aquello que estás confiando a Dios. Expresa tanto tus esperanzas como tus temores, y pídele que te ayude a esperar con paz y fe.

Día 43

Fuerza para el Cansado

«...pero los que confían en el Señor renovarán sus fuerzas; volarán como las águilas; correrán y no se fatigarán, caminarán y no se cansarán».
Isaías 40:31 (NVI)

El cansancio toca toda vida, ya sea por la carga emocional, las batallas espirituales, o el peso de las responsabilidades diarias; el agotamiento puede instalarse silenciosamente. Isaías 40:31 nos recuerda que la fuerza no proviene de esforzarnos más, sino de poner nuestra esperanza en el Señor.

Dios nunca te pide que cargues sola con las cargas de la vida. Cuando tus fuerzas se acaban, las de Él comienzan. Esperar en Él no es señal de debilidad, sino de confianza. Es en la rendición donde ocurre la renovación. Dios intercambia tu fatiga por Su poder y tu pesadez por Su paz.

La fuerza renovada no siempre se manifiesta como energía repentina o cambios inmediatos. A veces se ve como perseverancia, la capacidad de seguir adelante, o una resiliencia silenciosa que te sostiene a lo largo del día. Dios te encuentra exactamente donde estás y te ofrece lo que necesitas en cada momento.

Hoy estás invitada a descansar en la presencia de Dios. Permite que Él levante lo que se siente pesado y fortalezca lo que se siente desgastado. No tienes que hacerlo sola.

Aplicación Personal

Presta atención a las áreas donde te sientes agotada. Pide a Dios que renueve tus fuerzas de la manera que solo Él puede hacerlo.

Pequeño Desafío

Hoy tómate un momento para hacer una pausa y orar cuando te sientas abrumada. Entrégale tu cansancio a Dios en lugar de seguir adelante por tus propias fuerzas.

Pregunta Para Tu Diario Personal

¿Dónde necesito hoy la fuerza de Dios?

Escribe acerca de las áreas donde te sientes cansada o desanimada. Invita a Dios a esos espacios y reflexiona sobre cómo Su fuerza puede sostenerte y llevarte hacia adelante.

Día 44

Fe en Temporadas Ocultas

«Hagan lo que hagan, trabajen de buena gana, como para el Señor y no como para nadie en este mundo».
Colosenses 3:23 (NVI)

No todas las temporadas de la vida son visibles o celebradas, algunas de las obras más significativas que Dios realiza suceden en lugares donde nadie más está mirando. Colosenses 3:23 nos recuerda que, hagamos lo que hagamos, en última instancia estamos sirviendo al Señor. Tu fidelidad nunca es en vano, aun cuando se sienta desapercibida.

Las temporadas ocultas pueden sentirse solitarias o insignificantes, pero Dios valora la obediencia en lo secreto tanto como la obediencia en un escenario público. Cuando ofreces tu trabajo a Él, cada acto de amor, diligencia, e integridad se vuelve sagrado. Dios ve cada esfuerzo, cada oración y cada momento de fidelidad.

Servir a Dios en lugares no visibles forma el carácter y profundiza la confianza. Moldea tu corazón para depender de la aprobación de Dios y no del reconocimiento humano. Estas temporadas te preparan para el fruto futuro, aun cuando todavía no puedas ver la cosecha.

Hoy recuerda que la presencia de Dios no depende de la visibilidad. Donde estás ahora mismo le importa, y tu fidelidad allí es profundamente honrada.

Aplicación Personal

Reflexiona sobre las áreas de tu vida que se sienten ocultas o pasadas por alto. Pide a Dios que te ayude a ver su propósito desde Su perspectiva.

Pequeño Desafío

Elige hoy un acto de fidelidad que nadie vea, hazlo de manera intencional como una ofrenda a Dios, sin buscar reconocimiento.

Pregunta Para Tu Diario Personal

¿Cómo puedo honrar a Dios donde no soy vista?

Escribe acerca de cómo puedes servir a Dios de todo corazón en tu temporada actual, confiando en que Él ve y valora tu fidelidad.

Día 45

Dios Aún Está Escribiendo

«El gran amor del Señor nunca se acaba, y su compasión jamás se agota. Cada mañana se renuevan sus bondades; ¡muy grande es su fidelidad!»
Lamentaciones 3:22–23 (NVI)

No importa cómo haya sido tu historia hasta ahora, Dios no ha terminado contigo. Lamentaciones 3:22–23 nos recuerda que Sus misericordias se renuevan cada mañana. Cada día es una página nueva, llena de gracia, renovación, y de la fidelidad constante de Dios.

Puede haber capítulos de tu vida que se sientan desordenados, dolorosos, o inconclusos, pero Dios es el Redentor, y Él entreteje misericordia en cada parte de tu historia. Aun cuando ayer estuvo marcado por la decepción o el fracaso, hoy comienza con nueva compasión y esperanza.

La obra de Dios en tu vida continúa, Él sigue formando, sanando, y restaurando, sacando belleza de las cenizas y propósito de lo quebrantado. Tu identidad no está definida por lo que fue, sino por lo que Dios todavía está haciendo.

Hoy descansa en la seguridad de que Dios está activo, es fiel y está presente. Su misericordia te encuentra donde estás y te impulsa hacia lo que aún está por venir.

Aplicación Personal

Reflexiona sobre momentos en los que has experimentado la misericordia de Dios, incluso de maneras pequeñas o silenciosas. Permite que la gratitud profundice tu confianza en Él.

Pequeño Desafío

Comienza hoy agradeciendo a Dios por una manera en la que hayas visto Su misericordia recientemente. Deja que esa gratitud marque la forma en que atraviesas el día.

Pregunta Para Tu Diario Personal

¿Cómo he visto la misericordia de Dios recientemente?

Escribe acerca de momentos recientes de gracia, provisión, perdón, o renovación. Observa cómo Dios sigue escribiendo tu historia con amor y fidelidad.

Día 46

Paz en Medio de la Incertidumbre

«Confía en el Señor de todo corazón, y no en tu propia inteligencia. Reconócelo en todos tus caminos, y él allanará tus sendas».
Proverbios 3:5–6 (NVI)

La incertidumbre puede despertar temor, ansiedad, y el deseo de tener control. Proverbios 3:5–6 nos invita a confiar en el Señor con todo el corazón y a soltar la necesidad de entender cada detalle. La paz no proviene de tener todas las respuestas, sino de poner nuestra confianza en Aquel que sí las tiene.

Cuando el camino por delante se siente poco claro, Dios nos pide confianza más que certeza. Confiar en Él significa apoyarnos en Su sabiduría y no en nuestro propio entendimiento. Al reconocerlo en cada área de la vida, Él promete guiar nuestros pasos, aun cuando la dirección nos resulte desconocida.

La paz de Dios está disponible en medio de la incertidumbre, ella afirma tu corazón y aquieta el temor, recordándote que tu nunca caminas sola. Cada paso hacia adelante se convierte en un acto de fe, sostenido por Su fidelidad, y no por tu claridad.

Hoy entrega a Dios lo que no conoces. Permite que Su paz guarde tu corazón mientras eliges la confianza por encima del temor.

Aplicación Personal

Identifica las áreas de tu vida que se sienten inciertas. Invita a Dios a esos espacios y pídele que reemplace la ansiedad con confianza.

Pequeño Desafío

Cuando hoy surja la preocupación, haz una pausa y ora Proverbios 3:5–6, eligiendo confiar en Dios en lugar de buscar control.

Pregunta Para Tu Diario Personal

¿Qué se siente incierto en mi vida en este momento?

Escribe con honestidad sobre lo desconocido que enfrentas. Reflexiona en cómo confiar en Dios puede traer paz en medio de la incertidumbre.

Día 47

El Crecimiento Toma Tiempo

«Así que tengan paciencia, hermanos, hasta la venida del Señor. Miren cómo espera el agricultor a que la tierra produzca su fruto, aguardando pacientemente las lluvias de otoño y de primavera».
Santiago 5:7 (NVI)

En un mundo que valora la rapidez y los resultados inmediatos, Dios a menudo obra de manera lenta y deliberada. Santiago 5:7 nos recuerda que debemos tener paciencia, como el agricultor que espera que la tierra dé su valioso fruto. El crecimiento no puede apresurarse; se desarrolla en el tiempo adecuado, conforme al diseño de Dios.

El crecimiento espiritual, la sanidad, y la transformación ocurren bajo la superficie mucho antes de que el fruto sea visible. Aun cuando el progreso se siente lento o imperceptible, Dios está obrando activamente. La paciencia crea espacio para que las raíces se profundicen y la fe madure.

Aprender a esperar sin frustración forma parte de llegar a ser quien Dios te ha llamado a ser. La paciencia fortalece la confianza y desplaza el enfoque de los resultados hacia la obediencia. Cada temporada de espera te prepara para una cosecha que llega en el momento preciso.

Hoy elige abrazar el proceso, confía en que el tiempo de Dios es perfecto y que cada momento de espera está formando algo bueno dentro de ti.

Aplicación Personal

Reflexiona sobre las áreas donde la impaciencia se ha infiltrado. Pide a Dios que te ayude a ver el crecimiento desde Su perspectiva y no desde la tuya.

Pequeño Desafío

Practica hoy la paciencia desacelerando intencionalmente en un área de tu vida. Ofrece ese momento como un acto de confianza en Dios.

Pregunta Para Tu Diario Personal

¿Cómo puedo practicar la paciencia en esta temporada?

Escribe acerca de las maneras en que puedes inclinarte a esperar con fe, confiando en que Dios está haciendo crecer algo significativo dentro de ti.

Día 48
Esperanza que Ancla

«Que el Dios de la esperanza los llene de toda alegría y paz a ustedes que creen en él, para que rebosen de esperanza por el poder del Espíritu Santo».
Romanos 15:13 (NVI)

La esperanza no es un simple deseo optimista, es una expectativa confiada arraigada en la fidelidad de Dios. Romanos 15:13 nos recuerda que es Dios mismo quien nos llena de gozo y paz cuando confiamos en Él, haciendo que la esperanza rebose por el poder del Espíritu Santo.

Cuando la vida se sienta incierta o pesada, la esperanza se convierte en un ancla para el alma, te sostiene cuando las circunstancias cambian y las emociones se agitan. Esta esperanza no depende de lo que ves o sientes en el momento; está fundamentada en quién es Dios y en lo que Él ha prometido.

La esperanza de Dios renueva las fuerzas, restaura la perspectiva, y levanta corazones cansados. A medida que confías en Él, llena los espacios vacíos con una paz y un gozo que sobrepasan el entendimiento. La esperanza te recuerda que tu historia está segura en Sus manos.

Hoy permite que la esperanza vuelva a echar raíces. Invita a Dios a llenar nuevamente tu corazón de gozo, paz, y de una confianza firme en Sus promesas.

Aplicación Personal

Observa dónde el desánimo ha apagado tu esperanza. Pide a Dios que renueve tu confianza en Su bondad y fidelidad.

Pequeño Desafío

Elige hoy una promesa de la Escritura y medita en ella. Permite que te recuerde la esperanza que tienes en Dios.

Pregunta Para Tu Diario Personal

¿Dónde necesito que mi esperanza sea renovada?

Escribe con honestidad sobre las áreas donde la esperanza se siente frágil o pérdida. Reflexiona en cómo confiar en Dios puede volver a anclar tu corazón.

Dìa 49

Confiando en el Tiempo de Dios

«La visión aguarda el momento señalado; llega a su fin y no fallará. Aunque parezca tardar, espérala; porque sin falta vendrá, no tardará».
Habacuc 2:3 (NVI)

Esperar el tiempo de Dios puede poner a prueba la fe de maneras incómodas. Habacuc 2:3 nos recuerda que las promesas de Dios son seguras, aun cuando parezcan demorarse. Lo que Él ha dicho se cumplirá en el tiempo señalado.

Las demoras pueden despertar frustración, duda, o el impulso de tomar el control. Sin embargo, el tiempo de Dios es intencional y preciso. Lo que para nosotros parece lento, a menudo es la manera en que Dios alinea circunstancias, prepara corazones y se asegura de que Sus planes se desarrollen con plenitud y no con prisa.

Confiar en el tiempo de Dios significa elegir la fe por encima de la urgencia: es creer que la espera no es tiempo perdido, sino un espacio sagrado donde la confianza se fortalece, y la dependencia de Dios se profundiza. Dios nunca llega temprano ni tarde; siempre llega a tiempo.

Hoy entrega tu calendario a Dios. Permite que la paciencia crezca mientras confías en que Sus planes se están desarrollando exactamente como deben.

Aplicación Personal

Reflexiona sobre momentos en los que la espera ha puesto a prueba tu fe. Pide a Dios que te ayude a confiar más profundamente en Su tiempo.

Pequeño Desafío

Cuando hoy te sientas impaciente, haz una pausa y recuérdate que el tiempo de Dios es intencional y digno de confianza.

Pregunta Para Tu Diario Personal

¿Cómo suelo responder a las demoras?

Escribe acerca de tus reacciones habituales ante la espera. Reflexiona en cómo puedes responder con mayor confianza y paciencia al apoyarte en el tiempo de Dios.

Día 50

Floreciendo Donde Has Sido Plantada

«Es como el árbol plantado a la orilla de un río, que cuando llega su tiempo da su fruto y sus hojas jamás se marchitan. ¡Todo cuanto hace prospera!»
Salmos 1:3 (NVI)

Florecer no siempre requiere condiciones perfectas, Salmos 1:3 describe una vida plantada junto a corrientes de agua, que da su fruto a su debido tiempo. Cuando estás arraigada en Dios, el crecimiento es posible sin importar el lugar donde hayas sido plantada.

Es fácil pensar que el fruto llegará solo cuando cambien las circunstancias, pero a menudo Dios hace crecer el fruto más significativo en lugares ordinarios o incluso desafiantes. Estar plantada implica permanecer fiel, nutrida por la Palabra de Dios, y abierta a Su obra justo donde estás.

El fruto se desarrolla con el tiempo, y su proceso muchas veces es invisible. El amor, la paciencia, la humildad, la sabiduría, y la perseverancia crecen en silencio antes de ser reconocidos. Dios sabe exactamente qué fruto está cultivando en ti, aun cuando todavía no puedas verlo plenamente formado.

Hoy confía en el terreno donde te encuentras. Dios te ha colocado allí con intención, y está cuidando un crecimiento que dará fruto en la temporada correcta.

Aplicación Personal

Reflexiona sobre tu entorno actual y tus responsabilidades. Pide a Dios que te muestre cómo te está invitando a crecer y a dar fruto allí.

Pequeño Desafío

Hoy elige una manera de permanecer intencionalmente arraigada en Dios: tiempo en la Escritura, oración, o reflexión en silencio.

Pregunta Para Tu Diario Personal

¿Qué fruto podría estar haciendo crecer Dios en mí en este momento?

Escribe acerca del carácter, la fe, o los hábitos que percibes que Dios está desarrollando en esta temporada. Confía en que el crecimiento está ocurriendo, aun si se siente lento.

Sección 6 (Días 51–60):

La Voz de Dios por Encima del Ruido

Aprendiendo a Escuchar a Dios Declarar Identidad Sobre Ti

Día 51

Aprendiendo a Estar en Quietud

«Quédense quietos, reconozcan que yo soy Dios; seré exaltado entre las naciones, seré exaltado en la tierra».
Salmos 46:10 (NVI)

La quietud es contracultural en un mundo que celebra la prisa y actividad constante, y el movimiento continuo. Salmos 46:10 nos llama a hacer una pausa, a estar quietas, y a reconocer la presencia y la autoridad de Dios. Este tipo de quietud no es pasiva ni vacía; es intencional y profundamente espiritual. Es elegir dejar de esforzarnos y confiar en que Dios tiene el control.

Gran parte del ruido que cargamos es interno: las preocupaciones por el futuro, los recuerdos del pasado, la presión por rendir y quedar bien, o la necesidad de tenerlo todo resuelto, pueden mantener nuestro corazón en estado de inquietud. Dios te invita a la quietud no para apartarte de la responsabilidad, sino para restaurar tu perspectiva y tu paz. Como hijas amadas, tenemos acceso a Su paz sin importar las circunstancias que estemos atravesando.

Cuando reduces el ritmo, haces espacio para escuchar a Dios con mayor claridad. La quietud permite que la verdad se eleve por encima de la distracción. Te recuerda que Dios está cerca, es poderoso y fiel, sin importar lo que suceda a tu alrededor. En los momentos de silencio, el temor se suaviza, la confianza se profundiza, y la claridad comienza a formarse.

Aprender a estar en quietud es una práctica, no una decisión de una sola vez. Puede sentirse incómodo al principio, especialmente si estás acostumbrada a llenar cada momento. Pero con el tiempo, la quietud se convierte en un refugio donde te encuentras con Dios y recuerdas quién eres en Él.

Hoy date permiso para hacer una pausa. No te estás quedando atrás por estar en quietud; te estás anclando en la presencia de Dios.

Aplicación Personal

Reflexiona sobre cómo el ajetreo o el ruido constante han afectado tu paz. Pide a Dios que te muestre dónde la quietud es más necesaria en tu vida.

Pequeño Desafío

Reserva hoy cinco minutos ininterrumpidos para estar en silencio con Dios. Respira profundamente, suelta las distracciones, y resiste el impulso de llenar el silencio.

Pregunta Para Tu Diario Personal

¿Qué ruido necesito silenciar?

Escribe acerca de los pensamientos, hábitos, o distracciones que te impiden estar en quietud. Reflexiona sobre cómo crear espacio para la quietud podría ayudarte a experimentar mayor paz y claridad.

Día 52
Escuchando la Voz del Pastor

«Mis ovejas oyen mi voz; yo las conozco y ellas me siguen».
Juan 10:27 (NVI)

Dios no habla para confundir ni abrumar, sino para guiar, consolar, y dirigir. En Juan 10:27, Jesús nos recuerda que Sus ovejas conocen Su voz y lo siguen. Escuchar la voz de Dios no está reservado para unos pocos; es una relación que se construye con el tiempo mediante la confianza, la familiaridad, y la cercanía.

Aprender a reconocer la voz del Pastor requiere atención. Dios a menudo habla por medio de Su Palabra, a través de un sentir suave y profundo, por un consejo sabio, y mediante la tranquila certeza del Espíritu Santo. Su voz trae paz y no pánico, claridad y no confusión y convicción sin condenación.

Discernir la voz de Dios también implica aprender a distinguirla de otras influencias. El temor, la presión y la distracción pueden ser ruidosos, pero no tienen el mismo tono que la voz del Pastor. La voz de Dios se alinea con Su Palabra y refleja Su carácter. A medida que te acercas a Él, Su guía se vuelve más reconocible.

Escuchar la voz de Dios no significa que cada decisión se sentirá fácil u obvia, en cambio nos invita a confiar en que Él te está guiando paso a paso, aun cuando el camino se revele lentamente. Cuanto más tiempo pases con Él, con mayor confianza podrás seguir hacia donde te conduce.

Hoy elige escuchar, Dios está hablando y se deleita en guiar a Sus hijas con cuidado y amor.

Aplicación Personal

Reflexiona sobre las maneras en que Dios te ha hablado en el pasado. Pídele que afine tu capacidad para reconocer Su voz.

Pequeño Desafío

Dedica hoy tiempo a leer Su Palabra y a escuchar en silencio en oración. Pide a Dios que te hable, y permanece con apertura y paciencia.

Pregunta Para Tu Diario Personal

¿Cómo reconozco la voz de Dios?

Escribe acerca de cómo Dios te ha guiado antes y qué te ayuda a discernir Su dirección. Reflexiona sobre cómo puedes crear más espacio para escuchar la voz del Pastor.

Día 53

Dios Habla con Amor

«Ya sea que te desvíes a la derecha o a la izquierda, tus oídos oirán una voz a tu espalda que dirá: "Este es el camino; síguelo"».
Isaías 30:21 (NVI)

La voz de Dios nunca es dura, apresurada, ni condenatoria. Isaías 30:21 nos presenta a un Dios que camina de cerca con Su pueblo, guiándolo con ternura mediante palabras dichas en el momento preciso. Su dirección fluye del amor, no de la presión. Cuando Dios habla, siempre tiene en mente tu bien.

A veces esperamos que la guía de Dios sea fuerte o dramática, pero muchas veces llega como una seguridad tranquila, una convicción constante, o un recordatorio repetido que nos acerca más a Él. Su voz trae claridad sin confusión, y convicción sin vergüenza. Incluso cuando Dios corrige o redirige, Su tono sigue siendo compasivo y paciente.

Aprender a confiar en la guía amorosa de Dios requiere desacelerar y prestar atención. El temor y la urgencia pueden distorsionar la manera en que escuchamos, pero la voz de Dios trae paz, aun cuando nos desafía a salir de nuestra zona de comodidad. A medida que creces en tu relación con Él, comienzas a reconocer la constancia de Su voz y la seguridad que hay al seguirla.

Dios no te deja sola para que descifres todo por tu cuenta, Él promete guiarte, paso a paso, con sabiduría y cuidado. Su dirección puede revelarse de manera gradual, pero Su presencia es constante. Cada indicación que da está arraigada en Su profundo amor por ti.

Hoy suelta la presión de tener todo decidido de una vez. Confía en que Dios está hablando, guiando, y caminando contigo, incluso en medio de la incertidumbre.

Aplicación Personal

Reflexiona sobre cómo sueles responder a la guía de Dios. Pídele que te ayude a escuchar sin temor y a confiar en Su dirección amorosa.

Pequeño Desafío

Aparta hoy un tiempo para orar específicamente por una decisión o dirección que debes tomar. Escucha en silencio y anota cualquier sentido de paz, convicción, o claridad que recibas.

Pregunta Para Tu Diario Personal

¿Qué dirección podría estar dándome Dios sutilmente?

Escribe acerca de las áreas donde percibes que Dios te está guiando. Reflexiona sobre cómo Su voz amorosa trae seguridad, y cómo puedes responder con confianza y obediencia.

Día 54

Discernimiento a Través de la Palabra

«Ciertamente, la palabra de Dios es viva y poderosa, y más cortante que cualquier espada de dos filos. Penetra hasta lo más profundo del alma y del espíritu, hasta la médula de los huesos, y juzga los pensamientos y las intenciones del corazón».
Hebreos 4:12 (NVI)

La Palabra de Dios no es pasiva ni anticuada, Hebreos 4:12 nos recuerda que la Escritura es viva y eficaz, capaz de penetrar profundamente en nuestro corazón y en nuestra mente. Habla a situaciones reales, ofreciendo sabiduría, corrección y claridad cuando las decisiones se sienten complejas o abrumadoras.

El discernimiento crece a medida que pasas tiempo en la Palabra. La Escritura afina tu capacidad para reconocer la verdad, dejando al descubierto las motivaciones, y revelando la perspectiva de Dios. Cuando permites que la Palabra de Dios forme tu manera de pensar, se convierte en un filtro a través del cual evalúas decisiones, relaciones, y dirección.

La Biblia hace más que informar; transforma. Al involucrarte con la Escritura, alinea tu corazón con la voluntad de Dios y fortalece tu capacidad para escuchar Su voz con claridad. Con el tiempo, la Palabra te entrena para responder con sabiduría en lugar de impulso, y con fe en lugar de temor.

Elegir anclar tus decisiones en la Escritura edifica confianza y paz. Tal vez no siempre tengas respuestas inmediatas, pero la Palabra de Dios provee una guía firme que te conduce más cerca de Él y más profundamente en la verdad.

Hoy permite que la Escritura sea tu fundamento. Confía en que Dios usa Su Palabra para guiarte, refinarte, y protegerte mientras buscas Su dirección.

Aplicación Personal

Reflexiona sobre con qué frecuencia acudes a la Escritura al tomar decisiones. Pide a Dios que profundice tu confianza en Su Palabra como fuente de sabiduría.

Pequeño Desafío

Antes de tomar una decisión hoy, dedica tiempo a leer la Escritura y a pedirle a Dios que guíe tus pensamientos y motivaciones.

Pregunta Para Tu Diario Personal

¿Cómo moldea la Escritura mis decisiones?

Escribe acerca de las maneras en que la Palabra de Dios ha influido en tus elecciones. Considera cómo puedes invitar la Escritura de forma más intencional a tu proceso de toma de decisiones.

Día 55

Confiando en la Guía de Dios

«Yo te instruiré, yo te mostraré el camino que debes seguir; yo te daré consejos y velaré por ti».
Salmos 32:8 (NVI)

Dios no es distante ni indiferente cuando se trata de tu vida, Salmos 32:8 nos asegura que el Señor instruye, enseña, y cuida a quienes lo buscan. Su guía es intencional y profundamente personal. Dios está activamente involucrado en dirigirte, no simplemente observando desde lejos.

Confiar en la guía de Dios a menudo implica soltar el deseo de tener todo resuelto de antemano. Dios rara vez revela el camino completo de una sola vez. En cambio, ofrece luz para el siguiente paso, invitándote a caminar por fe y no por vista. Este proceso fortalece la confianza y profundiza tu dependencia en Él.

Puede haber momentos en los que la instrucción de Dios se sienta lenta o poco clara. Sin embargo, aun en la incertidumbre, Su presencia permanece constante. La guía de Dios está marcada por sabiduría y amor, nunca por prisa o confusión. Él guía de maneras que protegen tu corazón, refinan tu carácter, y te alinean con Sus propósitos.

Aprender a confiar en la guía de Dios también significa escuchar con humildad. Requiere acallar otras voces y rendir preferencias personales cuando entran en conflicto con Su dirección. Con el tiempo, la confianza crece al ver cuán fielmente Dios guía y provee exactamente lo que necesitas en el camino.

Hoy descansa en la seguridad de que Dios ve el panorama completo. Puedes confiar en Su instrucción, aun cuando el camino se sienta desconocido o desafiante.

Aplicación Personal

Considera cómo respondes cuando te sientes insegura o incierta. Pide a Dios que te ayude a confiar en Su guía de manera más profunda y constante.

Pequeño Desafío

Dedica tiempo hoy para orar específicamente por dirección en un área de tu vida. Escribe cualquier percepción, Escritura, o sentir que percibas de parte de Dios.

Pregunta Para Tu Diario Personal

¿Dónde necesito la instrucción de Dios?

Reflexiona sobre las áreas donde buscas claridad o dirección. Escribe cómo podría verse confiar en la guía de Dios en lugar de depender solo de tu propio entendimiento.

Día 56

Obediencia Antes de Claridad

«El corazón humano genera muchos proyectos, pero al final prevalecen los designios del Señor».
Proverbios 16:9 (NVI)

Es natural desear claridad antes de dar un paso hacia adelante, queremos seguridad, detalles, y certeza. Proverbios 16:9 nos recuerda que, aunque el corazón humano hace planes, es el Señor quien afirma nuestros pasos. A menudo, Dios pide obediencia antes de darnos pleno entendimiento.

La obediencia es un acto de confianza, significa escoger la fe por encima de la comodidad y rendir el control de los resultados. Dios no siempre revela el panorama completo porque la claridad crece mientras caminamos con Él, no antes de comenzar. Cada paso de obediencia nos posiciona para experimentar Su guía de manera más profunda.

Cuando esperamos tener toda la claridad, podemos quedarnos atrapadas en la vacilación. La obediencia nos impulsa hacia adelante aun cuando el camino se siente incierto. Dios honra la disposición, no la perfección. Él promete dirigir tus pasos mientras caminas en fe, no mientras permaneces inmóvil.

Hoy considera dónde Dios podría estar invitándote a confiar en Él mediante la acción más que mediante respuestas. La obediencia abre la puerta al crecimiento, a la alineación con Sus planes, y a una dependencia más profunda de la sabiduría de Dios.

Aplicación Personal

Reflexiona sobre situaciones en las que has esperado claridad en lugar de responder con obediencia. Pide a Dios que fortalezca tu confianza en Su dirección.

Pequeño Desafío

Da hoy un pequeño paso de obediencia, aun si no tienes todas las respuestas. Ofrécelo a Dios como un acto de confianza.

Pregunta Para Tu Diario Personal

¿Qué pasó podría estar pidiéndome Dios que dé?

Escribe acerca de las áreas donde Dios podría estar invitándote a avanzar. Reflexiona sobre cómo elegir la obediencia puede profundizar tu fe y tu confianza en Su guía.

Día 57
La Paz como Confirmación

"«Que gobierne en sus corazones la paz de Cristo, a la cual fueron llamados en un solo cuerpo. Y sean agradecidos».
Colosenses 3:15 (NVI)

Dios a menudo confirma Su guía por medio de la paz. Colosenses 3:15 nos recuerda que permitamos que la paz de Cristo gobierne en nuestro corazón. Esta paz actúa como un guardián y una guía, ayudándonos a discernir cuándo estamos alineadas con la voluntad de Dios y cuándo algo necesita ser reevaluado.

La paz no siempre significa ausencia de desafíos, a veces Dios nos conduce a situaciones que requieren valentía o que ponen a prueba nuestra fe. Sin embargo, aun en medio de la dificultad, Su paz trae una seguridad firme de que estamos caminando en sintonía con Él. Cuando la paz falta, puede ser una invitación a detenernos, orar, y buscar a Dios con mayor profundidad.

Aprender a reconocer la paz como confirmación requiere sensibilidad al corazón y al espíritu. La paz de Dios trae claridad y no confusión, calma y no presión. Invita al descanso, incluso cuando las decisiones implican cosas difíciles.

Hoy permite que la paz de Dios guíe tus decisiones. Confía en que Él usa la paz como una señal amorosa para dirigir tus pasos y alinear tu corazón con Su voluntad.

Aplicación Personal

Presta atención a cómo la paz o la inquietud aparecen cuando tomas decisiones. Pide a Dios que te ayude a reconocer Su paz como guía.

Pequeño Desafío

Antes de tomar una decisión hoy, haz una pausa y revisa tu corazón. Ora y pide a Dios que te llene de Su paz y claridad.

Pregunta Para Tu Diario Personal

¿Dónde siento la paz de Dios y dónde siento su ausencia?

Escribe acerca de decisiones o situaciones donde la paz está presente o ausente. Reflexiona sobre cómo la paz de Dios podría estar guiándote hacia Su dirección.

Día 58

La Voz de Dios Da Vida

«El Espíritu da vida; la carne no vale para nada. Las palabras que les he comunicado son espíritu y son vida».
Juan 6:63 (NVI)

La Palabra de Dios no son simplemente palabras escritas en una página; es viva, activa, y llena de poder. Juan 6:63 nos recuerda que es el Espíritu quien da vida, no la letra por sí sola, ni el entendimiento humano. Cuando Dios habla, Su voz trae refrigerio, claridad, y renovación al alma. Revive corazones cansados y restaura la esperanza cuando la vida se siente pesada o confusa.

Con frecuencia buscamos vida en logros, relaciones, o experiencias; pero la verdadera vida espiritual proviene de escuchar y recibir la voz de Dios. Su Palabra provee un alimento que te sostiene más allá de las circunstancias, ofreciendo guía y ánimo que el mundo no puede dar. Es agua viva para el alma.

Escuchar la voz de Dios requiere intencionalidad. Implica crear espacio en medio del ruido y las distracciones, aquietarse y escuchar con un corazón abierto. También requiere familiaridad. Pasar tiempo en la Escritura de manera constante entrena tu corazón para reconocer Su voz y responder con fe. A medida que habitas en Su Palabra, el Espíritu ilumina la verdad, alinea tus pensamientos con los de Dios, y trae una paz interior que transforma tu perspectiva.

La Palabra de Dios renueva tanto en temporadas tranquilas como en tiempos desafiantes. Cuando estás llena de gozo, profundiza tu gratitud; cuando estás cansada, restaura tus fuerzas; cuando te sientes insegura, trae claridad. Cada vez que te acercas a la Escritura, recuerdas que la vida fluye de Dios y que Su Espíritu obra activamente en ti y a través de ti.

Hoy recibe las palabras de Dios como alimento que da vida. Permite que restauren tus fuerzas, formen tu manera de pensar, y llenen tu corazón de esperanza.

Aplicación Personal

Reflexiona sobre momentos en los que la Escritura te ha traído claridad, paz, o fuerzas renovadas. Pide a Dios que abra tu corazón para escuchar hoy Sus palabras que dan vida.

Pequeño Desafío

Elige un pasaje de la Escritura y pasa tiempo meditando en él. Escribe lo que percibas que Dios te está diciendo, y permite que refresque tu mente y tu espíritu.

Pregunta Para Tu Diario Personal

¿Cómo me renueva la Palabra de Dios?

Escribe sobre momentos específicos en los que la Escritura ha reavivado tu espíritu, guiado tus decisiones, o traído ánimo. Reflexiona en maneras en que puedes hacer intencionalmente de la Palabra de Dios una fuente diaria de vida y renovación.

Día 59

Guardando Tu Corazón

«Por sobre todas las cosas cuida tu corazón, porque de él mana la vida».
Proverbios 4:23 (NVI)

El corazón da forma a nuestros pensamientos, emociones y acciones. Proverbios 4:23 nos recuerda que debemos cuidarlo con diligencia, porque todo lo que hacemos fluye de él. Proteger tu corazón no se trata de levantar muros, sino de ser intencional con lo que permites entrar, creer, y cultivar.

Las influencias llegan de muchas maneras: palabras de otros, medios de comunicación, pensamientos personales, o experiencias pasadas. Algunas nos forman de manera que da vida, mientras que otras pueden sembrar temor, duda, o inseguridad. Guardar tu corazón implica elegir qué permites que eche raíces y observar qué alimentas con tu atención y oración.

Dios te llama a vivir con vigilancia y discernimiento. Te invita a filtrar tus pensamientos, acciones, y relaciones a través de Su verdad. Al anclar tu corazón en la Palabra de Dios y en Sus promesas, cultivas paz, sabiduría, y resiliencia. Cuando tu corazón está alineado con Él, eres menos vulnerable al temor, la comparación, o las influencias dañinas.

Hoy, tómate un momento para evaluar qué ha estado influyendo en tu corazón. ¿Estas influencias te acercan más a Dios, o te distraen y desaniman? Guardar tu corazón es una práctica diaria que trae libertad, claridad, y paz.

Aplicación Personal

Reflexiona sobre las fuentes que tienen mayor impacto en tu corazón. Pide a Dios que te ayude a discernir qué abrazar y qué soltar.

Pequeño Desafío

Elige una influencia —ya sea redes sociales, un hábito, o una relación— y comprométete a guardar tu corazón en esa área esta semana. Ora por la sabiduría y la protección de Dios sobre tu corazón.

Pregunta Para Tu Diario Personal

¿Qué influencias afectan más mi corazón?

Escribe acerca de las personas, pensamientos, o experiencias que moldean tus emociones y decisiones. Reflexiona sobre cómo puedes proteger y nutrir tu corazón de manera intencional conforme a la guía de Dios.

Día 60

Ancladas en la Verdad

«A los judíos que habían creído en él, Jesús les dijo: "Si se mantienen fieles a mis enseñanzas, serán realmente mis discípulos; y conocerán la verdad, y la verdad los hará libres"».
Juan 8:31–32 (NVI)

La verdad no es solo un concepto; es la clave para la libertad y la estabilidad. Jesús nos recuerda que cuando permanecemos en Sus enseñanzas, verdaderamente somos Sus discípulas, y Su verdad nos hace libres. Estar ancladas en la verdad de Dios nos da claridad en temporadas inciertas, dirección al tomar decisiones, y seguridad en quiénes somos en Él.

La vida a menudo nos tienta a depender de opiniones cambiantes, emociones pasajeras, o sabiduría humana. Pero la Palabra de Dios es firme. Cuando arraigamos nuestra vida en Su verdad, esta actúa como un ancla para el corazón y la mente, manteniéndonos firmes aun cuando llegan las tormentas o las circunstancias se vuelven confusas.

Estar ancladas en la verdad requiere más que conocimiento; requiere práctica. Implica leer, reflexionar, y aplicar la Palabra de Dios, permitiendo que moldee nuestros pensamientos, decisiones, y perspectiva. Con el tiempo, la verdad se convierte en un filtro para nuestras elecciones, un escudo contra el engaño, y una fuente de paz que permanece más allá de las circunstancias.

Hoy, considera las áreas donde necesitas claridad o estabilidad. Pide a Dios que te revele Su verdad para esas áreas y que te ayude a aferrarte firmemente a ella, confiando en que Su guía es digna de confianza y llena de vida.

Aplicación Personal

Reflexiona sobre los momentos en que has confiado más en opiniones, emociones, o circunstancias que en la verdad de Dios. Pídele que te ayude a anclar tu corazón y tu mente en Su Palabra.

Pequeño Desafío

Elige un pasaje de la Escritura que se alinea con tu temporada actual. Léelo, medítalo, y permite que guíe tus decisiones hoy.

Pregunta Para Tu Diario Personal

¿Qué verdad guía mi próximo paso?

Escribe acerca de las promesas, enseñanzas, o principios de la Palabra de Dios que pueden anclarte hoy. Reflexiona sobre cómo apoyarte en Su verdad puede traer libertad y confianza al avanzar.

Sección 7 (Días 61–70):

Caminando con Confianza Siendo Tú

Fe Audaz Sin Comparación

Día 61

Confianza Arraigada en Dios

«Se reviste de fuerza y dignidad,
y afronta segura el porvenir».
Proverbios 31:25 (NVI)

La confianza que proviene de Dios no es ruidosa, ni busca atención, ni está basada en la autosuficiencia. Es una seguridad firme y estable que nace de saber quién es Dios y de entender que le perteneces. Proverbios 31 describe a una mujer "revestida de fuerza y dignidad", recordándonos que la verdadera confianza es algo que vestimos —algo que Dios coloca sobre nosotras— y no algo que fabricamos por nuestra cuenta.

Este tipo de confianza no sube ni baja según las circunstancias, el éxito, o la opinión de otros. Está edificada sobre la confianza en el carácter y la fidelidad de Dios. Cuando tu confianza está arraigada en Él, no necesitas probar tu valor ni ganarte tu lugar. Puedes presentarte tal como eres, confiando en que Dios ya te ha equipado con lo que necesitas para hoy.

La confianza que viene de Dios también deja espacio para la humildad. No niega la debilidad, la reconoce, y se apoya en la fortaleza de Dios. Te libera de la comparación, del afán, y del temor a no ser suficiente. Puedes avanzar con valentía, no porque tengas todas las respuestas, sino porque confías en Aquel que sí las tiene.

A medida que creces en una confianza arraigada en Dios, quizás notes un cambio sutil: menos ansiedad por "ser suficiente", más paz en medio de la incertidumbre, y una capacidad más profunda de descansar en el cuidado de Dios por tu futuro. La fuerza y la dignidad comienzan a moldear cómo hablas, cómo respondes, y cómo te ves a ti misma, especialmente en momentos que antes se sentían intimidantes.

Aplicación Personal

Pide a Dios que te muestre dónde has colocado tu confianza en cosas que pueden ser sacudidas: aprobación, productividad, apariencia, o resultados. Invítalo a volver a arraigar tu confianza en Su verdad y presencia que son inmutables.

Pequeño Desafío

Hoy elige un área en la que normalmente dudas de ti misma. Entra en ella con oración, recordándote que Dios va delante de ti y está contigo.

Pregunta Para Tu Diario Personal

¿Cómo se ve para mí una confianza arraigada en el Señor?

Reflexiona sobre cómo confiar en Dios moldea la manera en que te conduces, tomas decisiones, y enfrentas los desafíos. ¿En qué se diferencia esta confianza de una basada en el desempeño o el control?

Día 62

Corriendo Tu Propia Carrera

«Por tanto, ya que estamos rodeados de una enorme multitud de testigos, despojémonos del lastre que nos estorba, en especial del pecado que nos asedia, y corramos con perseverancia la carrera que tenemos por delante».
Hebreos 12:1 (NVI)

Seguir a Dios a menudo se describe como una carrera, no de velocidad ni de comparación, sino de perseverancia, fidelidad, y enfoque. Hebreos 12 nos recuerda que cada una corre su propia carrera, trazada por Dios, con un ritmo, un camino, y un propósito único. Cuando comenzamos a mirar de lado a los demás, es más fácil perder impulso, desanimarnos, o cargar pesos que nunca estuvieron destinados a ser nuestros.

Las distracciones no siempre se ven pecaminosas u obvias, a veces aparecen como comparación, complacencia a los demás, exceso de compromisos, miedo a quedarnos fuera, o incluso como buenas oportunidades que nos alejan de aquello a lo que Dios nos ha llamado de manera específica. Estos pesos quizá no nos detengan por completo, pero nos ponen lentas, drenan nuestra energía, y nublan nuestro enfoque en Cristo.

Correr tu propia carrera significa soltar la presión de mantenerte al ritmo de otros o de medir tu progreso con el recorrido de alguien más. Requiere una rendición intencional de todo aquello que enreda tu corazón o distrae tu mente de la dirección de Dios. Al dejar esas cosas, haces espacio para correr con libertad, claridad, y perseverancia.

Dios no te está apurando, te está invitando a fijar los ojos en Jesús, Aquel que te sostiene, te fortalece, y camina contigo en cada paso. Cuando tu enfoque permanece en Él, tu paso se vuelve más firme, tus pisadas más seguras, y tu perseverancia más profunda.

Aplicación Personal

Pide a Dios que te muestre qué te está cargando o desviando tu atención de Él. Sé honesta con lo que se siente pesado o distractor, aun si parece inofensivo o familiar.

Pequeño Desafío

Elige hoy una distracción para soltar de manera intencional—ya sea la comparación, el ajetreo, o el ruido innecesario—y reemplázala con un momento de oración o reflexión en silencio.

Pregunta Para Tu Diario Personal

¿Qué distracciones me frenan?

Reflexiona sobre lo que ha estado compitiendo por tu enfoque últimamente. ¿Cómo podría ayudarte soltarlo a correr tu carrera con mayor libertad, paz, y propósito?

Día 63

Valentía para Ser Apartada

«¿No te lo he ordenado yo? ¡Sé fuerte y valiente! No tengas miedo ni te desanimes, porque el Señor tu Dios estará contigo dondequiera que vayas».
Josué 1:9 (NVI)

El llamado de Dios a menudo ha requerido valentía, especialmente cuando obedecer significa destacar la necesidad de querer encajar. En Josué 1:9, Dios no promete un camino fácil; sino Su presencia. La valentía, en el sentido bíblico, no es la ausencia de temor, antes bien es la decisión de avanzar confiando en que Dios va contigo.

Ser apartada puede sentirse incómodo, implica elegir integridad cuando comprometer los valores parece más fácil, obediencia cuando resulta costosa, o fidelidad cuando te sientes sola. Muchas veces, seguir la dirección de Dios puede colocarte en contra de la corriente de la cultura, de expectativas, o incluso en contra de personas que amas. Sin embargo, Dios nunca te pide que camines este camino sola. Su fuerza te encuentra justo donde la tuya parece insuficiente.

La valentía crece cuando recuerdas quién te ha llamado. El mismo Dios que comisionó a Josué promete estar contigo dondequiera que vayas. Su presencia afirma tu corazón, fortalece tu determinación, y te recuerda que la obediencia nunca es en vano. Cuando confías en Él, incluso los pasos inciertos se vuelven pasos con propósito.

No fuiste creada para retroceder ni para conformarte con lo que parece seguro. Fuiste creada para caminar con valentía en la identidad y el llamado que Dios ha puesto sobre tu vida. La valentía es elegir la fe por encima del temor, un paso a la vez.

Aplicación Personal

Observa dónde el temor ha estado influyendo en tus decisiones. Pide a Dios que reemplace la vacilación con confianza y te recuerde Su cercanía.

Pequeño Desafío

Da hoy un pequeño paso que refleje obediencia por encima del miedo. Puede expresarse en una conversación, establecer un límite saludable, o un acto sencillo de fe.

Pregunta Para Tu Diario Personal

¿Dónde necesito valentía hoy?

Reflexiona sobre lo que Dios podría estar pidiéndote en este momento. ¿Cómo podría confiar en Su presencia darte la confianza para avanzar?

Día 64

Osadía sin Orgullo

*«Él te ha mostrado, oh mortal, lo que es bueno. ¿Y qué es lo que el Señor exige de ti?
Practicar la justicia, amar la misericordia y caminar humildemente con tu Dios».*
Miqueas 6:8 (NVI)

La osadía en el Reino de Dios se ve diferente a la versión de confianza que ofrece el mundo. No es ruidosa, ni se promueve a sí misma, ni está basada en demostrar algo. La osadía bíblica fluye de la humildad y la obediencia. Miqueas 6:8 nos recuerda que el deseo de Dios es sencillo, pero profundamente transformador: practicar la justicia, amar la misericordia, y caminar humildemente con Él.

Caminar en humildad no significa disminuirte ni minimizar los dones que Dios te ha dado, en cambio es reconocer de dónde proviene tu fortaleza. Cuando entiendes que tu llamado, tus habilidades y tu influencia son regalos de Dios, eres libre para caminar con osadía sin necesidad de exaltarte. Tu confianza descansa en la obediencia, no en la aprobación.

La verdadera osadía se manifiesta cuando eliges lo correcto aun cuando resulta incómodo. Es hablar la verdad con bondad, permanecer firme sin arrogancia, y servir con fidelidad sin buscar reconocimiento. La humildad mantiene tu corazón alineado con Dios, mientras que la osadía impulsa tus pasos hacia adelante en fe. No son opuestas; están diseñadas para caminar juntas.

A medida que creces en tu identidad en Cristo, Dios te invita a vivir con coraje y mansedumbre a la vez. Puedes ocupar tu lugar, usar tu voz, y vivir con fidelidad, manteniendo tu corazón rendido a Él.

Aplicación Personal

Pide a Dios que examine tus motivaciones. Invítalo a mostrarte dónde te está llamando a dar pasos osados y dónde te está invitando a permanecer humilde.

Pequeño Desafío

Practica hoy una obediencia con osadía que refleje humildad. Sirve, habla, o actúa sin buscar reconocimiento ni validación.

Pregunta Para Tu Diario Personal

¿Cómo puedo caminar con humildad y osadía al mismo tiempo?

Reflexiona sobre las áreas de tu vida donde Dios podría estar invitándote a crecer en confianza mientras permaneces arraigada en la humildad.

Day 65

Soltando la Búsqueda de Aprobación

«¿Busco ahora el favor de los demás o el de Dios? ¿O trato de agradar a otros? Si todavía quisiera agradar a los demás, no sería siervo de Cristo».
Gálatas 1:10 (NVI)

El deseo de ser aceptadas, de agradar, y recibir afirmación puede moldear nuestras decisiones más de lo que imaginamos. Gálatas 1:10 nos confronta a considerar para quién estamos viviendo. Cuando agradar a las personas se convierte en la meta, la obediencia a Dios suele quedar en segundo plano. Con el tiempo, esto puede nublar nuestra identidad y dejarnos divididas entre quienes realmente somos y quienes creemos que debemos ser.

Buscar aprobación es agotador porque nunca se satisface por completo, las expectativas cambian, las opiniones fluctúan, y la validación es pasajera. Dios ofrece algo mucho más firme. Su aprobación no se gana por desempeño ni perfección; se recibe y se experimenta a través de una relación con Él. Cuando recuerdas que ya eres plenamente conocida y profundamente amada por Dios, la presión de demostrar tu valor comienza a perder fuerza.

Soltar la búsqueda de aprobación no significa volverte indiferente o que no valoras a otros, sino que nos invita a anclar tu valor en Dios y no en las reacciones de los demás. Tu obediencia puede, en ocasiones, decepcionar a las personas, pero siempre te acercará a Dios. A medida que alineas tu corazón con el Suyo, te vuelves más libre para vivir con honestidad, valentía, y autenticidad.

No fuiste creada para vivir a merced de las opiniones. Fuiste creada para vivir fielmente delante de Dios, confiando en que Su aprobación es suficiente.

Aplicación Personal

Observa dónde el deseo de agradar a otros aparece en tus decisiones. Pide a Dios que te ayude a reconocer cuándo la necesidad de aprobación está influyendo más que la obediencia.

Pequeño Desafío

Hoy toma una decisión basada en la fidelidad y no en la aprobación. Puede ser pequeña, pero que sea intencional.

Pregunta Para Tu Diario Personal

¿De quién busco más la aprobación?

Reflexiona sobre cómo este deseo ha moldeado tus acciones o emociones. ¿Qué cambiaría si la aprobación de Dios se convirtiera en tu enfoque principal?

Día 66

Fuerza en la Debilidad

«Pero él me dijo: "Te basta con mi gracia, pues mi poder se perfecciona en la debilidad". Por lo tanto, gustosamente haré más bien alarde de mis debilidades, para que permanezca sobre mí el poder de Cristo».

2 Corintios 12:9 (NVI)

La debilidad es algo que a menudo intentamos esconder, corregir, o superar lo más rápido posible. Sin embargo, en 2 Corintios 12:9 Dios nos revela una perspectiva diferente. Él nos dice que Su gracia es suficiente y que Su poder se perfecciona en la debilidad. Esto significa que nuestras limitaciones no son un obstáculo para la obra de Dios; muchas veces son precisamente los lugares donde Su fuerza se hace más visible.

Cuando te sientes débil, insuficiente, o que no tienes fuerzas para más, puede ser tentador pensar que estás fallando. Pero Dios ve esos momentos como oportunidades para una dependencia más profunda en Él. La debilidad es una invitación a soltar el control y a apoyarte en la gracia en lugar de la autosuficiencia. Te recuerda que tu vida no se sostiene solo por tu propia fortaleza.

Dios no te pide que finjas ser fuerte cuando no lo eres, Él te encuentra con honestidad justo donde estás y suple lo que te falta. Su poder no se reduce por tus luchas; al contrario, resplandece a través de ellas. Cuando entregas tus debilidades a Dios, creas espacio para que Su fuerza te sostenga de maneras que no podrías manejar por ti misma.

No tienes que ser suficiente por tus propias fuerzas. La gracia de Dios llena los vacíos, afirma tu corazón, y te recuerda que aun en la debilidad, estás sostenida.

Aplicación Personal

Reconoce las áreas donde te sientes débil o insuficiente. Preséntalas con honestidad delante de Dios, confiando en que Su gracia te encontrará allí.

Pequeño Desafío

En lugar de intentar arreglar u ocultar una debilidad hoy, entrégasela a Dios en oración. Pídele que te muestre cómo Su fuerza está obrando en esa área.

Pregunta Para Tu Diario Personal

¿De qué maneras se hace Dios presente en mis debilidades?

Reflexiona sobre momentos en los que Dios se ha manifestado en temporadas difíciles o vulnerables. ¿Cómo podría Él estar invitándote a confiar más profundamente en Él en este momento?

Día 67

Fe en Acción

«Así también la fe, si no tiene obras, está muerta.»
Santiago 2:17 (NVI)

La fe no fue diseñada para quedarse oculta en el corazón, Santiago 2:17 nos recuerda que ella, cuando no va acompañada de acción, está muerta; cobra vida cuando se expresa en la manera en que vivimos. Creer en Dios es esencial, pero la fe verdadera se manifiesta en decisiones, actitudes, y comportamientos cotidianos que reflejan confianza en Él.

La fe en acción no siempre se ve dramática, a menudo es pequeña, constante, e incluso pasa desapercibida para el mundo. Puede expresarse al ofrecer un oído atento, mostrar paciencia en un momento difícil, elegir la honestidad cuando el engaño parece más fácil, o servir a alguien en silencio sin esperar reconocimiento. Estos actos aparentemente ordinarios son, en realidad, poderosas demostraciones de un corazón anclado en Dios.

Actos movidos por la fe requieren valentía e intencionalidad. Ella con frecuencia nos invita a salir de la zona de comodidad, a responder de maneras que parecen contrarias a la lógica, o a confiarle a Dios resultados que no podemos controlar. Cada acto de obediencia, incluso el más pequeño, fortalece nuestra relación con Él, y moldea nuestro carácter. La fe crece cuando se ejercita, así como los músculos se fortalecen con el uso.

Cuando la fe está en acción, también impacta a quienes nos rodean. Nuestra vida se convierte en un testimonio de la obra de Dios en nosotros. Otros pueden ver reflejados el amor, la sabiduría, y la provisión de Dios en nuestras decisiones, aun sin que se pronuncien palabras. Esa es la belleza de una fe viva: no requiere perfección, solo un corazón dispuesto a seguir la dirección de Dios.

Aplicación Personal

Piensa en áreas de tu vida donde tu fe se ha quedado interna o teórica. ¿De qué manera Dios podría estar invitándote a hacerla visible mediante acciones?

Pequeño Desafío

Da hoy un paso intencional que refleje tu fe. Puede ser un acto de servicio, una conversación difícil, o confiarle a Dios una decisión que has estado evitando. Observa cómo esto fortalece tu confianza en Él.

Pregunta Para Tu Diario Personal

¿Cómo se ve la fe en acción para mí?

Reflexiona sobre formas prácticas en las que tu confianza en Dios puede dar forma a tu vida diaria. ¿Qué pasos puedes dar para que tu fe sea viva, activa y visible, y no solo algo que crees en privado?

Día 68

Permaneciendo Firmes

«Por lo tanto, pónganse toda la armadura de Dios para que, cuando llegue el día malo, puedan resistir hasta el fin y mantenerse firmes.»
Efesios 6:13 (NVI)

La vida a menudo nos desafía de maneras que pueden sentirse abrumadoras, confusas, o incluso injustas. Efesios 6:13 nos recuerda que somos llamados a permanecer firmes, no en nuestras propias fuerzas, sino en la fortaleza que Dios provee. Permanecer firmes es una postura de confianza, fe, y perseverancia. No significa que no enfrentarás dificultades; antes bien que te mantienes anclada en Dios aun cuando las pruebas presionan.

Permanecer firmes requiere discernimiento y dependencia del poder de Dios. Implica aferrarse a la verdad cuando las mentiras intentan infiltrarse, confiar en Sus promesas cuando las circunstancias parecen contrarias, y mantener la integridad cuando las salidas fáciles o comprometedoras resultan tentadores. La vida pondrá a prueba tu paciencia, valentía, y tu fe, pero Dios te equipa para perseverar.

El equipamiento y la preparación son claves. Dios provee armadura espiritual mediante la oración, la Palabra, y el Espíritu Santo. Rodearte de consejo sabio, amistades en Dios, y una comunidad de fe fortalece tu capacidad para mantenerte firme. No estás llamada a resistir sola; Dios a menudo usa relaciones y recursos para afirmar tu paso.

Hoy reflexiona en lo que te ayuda a permanecer estable en momentos difíciles. ¿Te estás apoyando en la Palabra de Dios, en la oración, y en el respaldo que Él ha puesto a tu alrededor? Permanecer firmes tiene menos que ver con resistir por cuenta propia y más con depender plenamente de Él.

Aplicación Personal

Identifica áreas de tu vida donde te sientes presionada, abrumada, o tentada a ceder. Pídele a Dios que te muestre cómo mantenerte firme con Su fuerza y no con la tuya.

Pequeño Desafío

Realiza hoy una acción que refleje permanecer firme en la fe, ya sea elegir la paciencia, hablar con verdad, o confiar en Dios en una situación difícil.

Pregunta Para Tu Diario Personal

¿Qué me ayuda a mantenerme firme cuando las cosas se ponen difíciles?

Escribe sobre las herramientas, hábitos, o verdades que te fortalecen. ¿Cómo puedes apoyarte intencionalmente en Dios y en Sus recursos para mantenerte estable frente a los desafíos que enfrentas?

Día 69

Caminando en Libertad

«Cristo nos libertó para que vivamos en libertad. Por lo tanto, manténganse firmes y no se sometan nuevamente al yugo de esclavitud».
Gálatas 5:1 (NVI)

Cristo vino para hacernos libres, no sólo del pecado, sino también de todo aquello que nos impide vivir plenamente en Él. Gálatas 5:1 nos recuerda que somos llamados a mantenernos firmes en esa libertad y a resistir volver a patrones de esclavitud, temor, o autocondenación. La libertad en Cristo no es solo un concepto; es una experiencia vivida que moldea la manera en que pensamos, elegimos, y caminamos en la vida.

Caminar en libertad requiere conciencia. A veces nos aferramos a hábitos, miedos, o expectativas que nos cargan porque nos resultan familiares. Sin embargo, Dios te invita a entrar en la libertad que Él provee, confiando en que Su gracia cubre los errores y que Su Espíritu capacita para crecer. La verdadera libertad no es hacer lo que uno quiere, sino vivir sin culpa, sin vergüenza, y sin las cadenas de fracasos pasados, firmemente arraigadas en la verdad de Dios.

La libertad en Cristo también conlleva responsabilidad, eres libre para vivir conforme al Espíritu de Dios, lo cual produce amor, gozo, paz, paciencia, e integridad. Esta libertad te permite tomar decisiones que honran a Dios y reflejan Su carácter, en lugar de ser guiada por el temor, la comparación, o la obligación. A medida que caminas en esta libertad, tu confianza y tu identidad en Él se fortalecen, y tu vida se convierte en un testimonio del poder redentor de Dios.

Hoy tómate un momento para reflexionar en las áreas donde quizá no estés caminando plenamente en la libertad que Cristo te ha dado. ¿Hay miedos, dudas o patrones que necesitan ser rendidos? Dios te invita a entrar en Su libertad con valentía y confianza.

Aplicación Personal

Identifica un área de tu vida donde te hayas sentido atada por el temor, la culpa, o las expectativas. Invita a Dios a liberarte y a guiarte hacia la libertad en Él.

Pequeño Desafío

Da hoy un paso que refleje tu libertad en Cristo. Declara una verdad, establece un límite sano, o suelta un temor. Elige algo que te recuerde que ya no estás cautiva de la vergüenza ni de la comparación.

Pregunta Para Tu Diario Personal

¿Qué libertad me ha dado Cristo?

Reflexiona sobre las maneras en que Cristo ya te ha liberado—espiritual, emocional, o mentalmente. ¿Cómo puedes abrazar y caminar con confianza en esa libertad hoy?

Día 70

Confiada y Segura

«No temerán malas noticias; su corazón está firme, confiado en el Señor».
Salmos 112:7 (NVI)

La confianza y la seguridad en la vida no provienen de las circunstancias ni de la autosuficiencia, sino de confiar en la fidelidad de Dios. Salmos 112:7 nos recuerda que el justo no es sacudido por el temor porque su corazón está anclado en Dios. Cuando tu confianza está en Él, puedes atravesar la incertidumbre, enfrentar los desafíos, y mirar al futuro sin quedar paralizada por la ansiedad.

Vivir confiada y segura no significa que nunca sentirás miedo o duda, sino que que el temor no gobierna tus decisiones, pensamientos, ni acciones. La seguridad nace de saber que las promesas de Dios son firmes, Su presencia es constante y Su poder es suficiente para toda situación. Cuando confías en Él, aun en medio de la dificultad, permaneces firme y estable.

La confianza arraigada en Dios transforma la manera en que enfrentas la vida, afecta tus decisiones, relaciones, y tus interacciones diarias. Ya no vives bajo la presión de rendir, agradar o probar tu valor, porque sabes que Dios es tu fundamento. La seguridad en Él también te permite extender gracia, paciencia, y amor a otros, sin temor a perder tu lugar o tu valor.

Hoy reflexiona en las áreas donde el miedo ha estado influyendo en tus pensamientos o acciones. Pídele a Dios que te ayude a vivir con confianza en Sus promesas, descansando en la seguridad que Él provee.

Aplicación Personal

Considera en qué áreas el temor te ha estado frenando, ya sea de manera grande o pequeña. Invita a Dios a reemplazar el miedo con confianza en Su fidelidad.

Pequeño Desafío

Da hoy un paso que demuestre confianza en la provisión de Dios. Camina hacia delante en una decisión, conversación, u oportunidad que el miedo te había impedido avanzar.

Pregunta Para Tu Diario Personal

¿Cómo puedo vivir con menos temor?

Escribe sobre los miedos que han influido en tus decisiones. ¿Cómo puede el confiar en las promesas y en la presencia de Dios ayudarte a caminar con valentía y confianza en tu vida diaria?

Sección 8 (Días 71–80):

Usando Tu Singularidad para la Gloria de Dios

Única, por Diseño

Día 71

Tú Eres la Luz

"Ustedes son la luz del mundo. Una ciudad construida sobre un monte no se puede esconder. Ni se enciende una lámpara para cubrirla con un cajón. Por el contrario, se pone en el candelero para que alumbre a todos los que están en la casa. Hagan brillar su luz delante de todos, para que ellos puedan ver las buenas obras de ustedes y alaben al Padre que está en el cielo."
Mateo 5:14–16 (NVI)

Jesús llama a sus seguidores la luz del mundo. Esto no es una sugerencia ni una meta futura; es una declaración de identidad. Eres luz porque Su luz vive dentro de ti. Dondequiera que vayas, tu vida tiene el potencial de reflejar el amor, la verdad, y la gracia de Dios de maneras que se ven y se sienten.

La luz no demanda atención; simplemente brilla. De la misma manera, guiar a otros hacia Dios no requiere perfección, declaraciones a gran voz, ni tener todas las respuestas. A menudo se ve como vivir con integridad, elegir la bondad, extender gracia, y permanecer fiel en los momentos ordinarios. Tu obediencia diaria puede iluminar silenciosamente el camino de alguien más.

Habrá momentos en los que te sientas no calificada, desapercibida, o insegura de tu impacto. Sin embargo, Jesús nos recuerda que la luz está hecha para ser visible, no para esconderse. Dios te ha colocado exactamente donde estás por una razón. Tu personalidad, tus experiencias, y tu historia forman parte de cómo Su luz se revela a través de ti. Cuando permites que Él obre por medio de tu vida, incluso los actos pequeños de fidelidad pueden tener un significado eterno.

Hacer brillar la luz de Dios en ti no se trata de llamar la atención hacia ti misma, sino de reflejar Su bondad con tanta claridad que otros sean atraídos a Él. A medida que vives arraigada en tu identidad en Cristo, tu vida se convierte de manera natural en un testimonio de Su amor y Su verdad.

Aplicación Personal

Reflexiona sobre cómo tus palabras, actitudes, y acciones reflejan la luz de Dios. Pídele que te muestre formas sencillas de brillar justo donde estás ahora.

Pequeño Desafío

Hoy muestra intencionalmente la luz de Dios mediante un acto bondadoso, una palabra de ánimo, o prestando un servicio a otros. Hazlo de manera sencilla y sincera.

Pregunta Para Tu Diario Personal

¿Cómo puede mi vida señalar a otros hacia Dios?

Considera cómo Dios podría usar tu vida diaria, tus relaciones, y tus decisiones para reflejar Su luz. ¿Qué cambios, si los hay, te está invitando a hacer para que tu luz brille con mayor claridad?

Día 72
Dotada con Propósito

"Tenemos dones diferentes, según la gracia que se nos ha dado. El que tiene el don de profecía, que lo ejerza conforme a su fe..."
Romanos 12:6 (NVI)

Dios no te ha dotado de dones al azar. Cada habilidad, pasión, fortaleza, y don espiritual que llevas te fue dado de manera intencional, con propósito, y diseño. No te falta nada de lo que necesitas para cumplir aquello a lo que Dios te ha llamado. Tus dones no son accidentes, ni están destinados a esconderse, minimizarse, o compararse con los de otros.

A veces subestimamos nuestros dones porque para nosotras se sienten "normales". Lo que te resulta natural puede parecer pequeño o insignificante, pero en las manos de Dios puede volverse poderoso. Enseñar, animar, crear, liderar, escuchar, servir, cuidar, organizar, orar, edificar... ninguno de estos dones es ordinario cuando se rinde a Él. Dios usa tanto los dones visibles como los ocultos para edificar Su Reino.

También es fácil pensar que nuestros dones solo importan cuando son públicos o celebrados. Sin embargo, muchos de los dones más impactantes operan en silencio, detrás del escenario, en conversaciones privadas, en la fidelidad constante, y en la obediencia que nadie ve. Dios valora más la obediencia que el desempeño, y más la fidelidad que el reconocimiento.

Tu llamado no es imitar los dones de otra persona, sino administrar fielmente lo que Dios ha puesto en ti. Cuando caminas en tus dones con humildad y obediencia, tu vida se vuelve fructífera, con propósito, y profundamente significativa. Dios no desperdicia lo que da; lo multiplica cuando se lo ofrecemos de vuelta.

Aplicación Personal

Pídele a Dios que te revele los dones que ha puesto dentro de ti, tanto espirituales como prácticos. Reflexiona sobre aquello que te resulta natural y cómo podría usarse para Su gloria.

Pequeño Desafío

Exhórtate a ti misma hoy nombrando tres dones que Dios te ha dado y agradeciéndole por ellos. Pídele que te muestre una forma sencilla de usar uno de esos dones esta semana.

Pregunta Para Tu Diario Personal

¿Qué dones me ha dado Dios?

Escribe con honestidad y valentía, no los minimices. ¿De qué manera te está invitando Dios a usar esos dones con mayor plenitud y fidelidad en esta temporada?

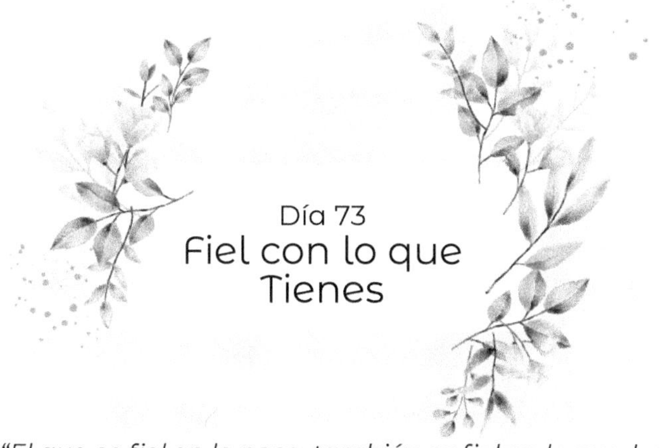

Día 73

Fiel con lo que Tienes

"El que es fiel en lo poco, también es fiel en lo mucho; y el que es deshonesto en lo poco, también es deshonesto en lo mucho."
Lucas 16:10 (NVI)

La fidelidad suele formarse en los lugares pequeños y ordinarios de la vida. Lucas 16:10 nos recuerda que la manera en que administramos lo que tenemos ahora mismo es profundamente importante para Dios. Antes de que lleguen mayores responsabilidades u oportunidades, Dios observa cómo cuidamos lo que ya ha puesto en nuestras manos. Nada de lo que Él te ha confiado es insignificante a Sus ojos.

Puede ser tentador esperar a tener "más" para vivir con fidelidad. Tal vez esperamos más claridad, más confianza, más recursos, o una temporada diferente. Sin embargo, Dios te llama a ser fiel donde estás, no donde esperas estar algún día. Tu tiempo, tus relaciones, tus dones, tu trabajo, tu influencia, e incluso tus limitaciones forman parte de lo que Él te ha confiado.

La fidelidad no requiere perfección; pero si constancia, humildad, y disposición. Presentarte, obedecer en el siguiente paso, y honrar a Dios en las decisiones diarias construye una base de confianza. Dios usa la obediencia ordinaria para preparar tu corazón para un mayor impacto, muchas veces de formas que aún no puedes ver.

Cuando administras lo que tienes con gratitud e intención, alineas tu vida con los propósitos de Dios. La fidelidad en el presente abre la puerta al crecimiento, a una confianza más profunda, y a oportunidades futuras moldeadas por Su sabiduría y no por tu propio esfuerzo.

Aplicación Personal

Reflexiona sobre lo que Dios ha puesto bajo tu cuidado en este momento. Pídele que te muestre cómo administrarlo con mayor fidelidad y gratitud.

Pequeño Desafío

Elige hoy un área de tu vida —tiempo, relaciones, trabajo, o servicio— y honra a Dios intencionalmente con fidelidad y cuidado.

Pregunta Para Tu Diario Personal

¿Qué me ha confiado Dios?

Haz una lista de lo que estás administrando en esta temporada. ¿Cómo puedes ser más fiel con lo que ya tienes en lugar de esperar algo más?

Día 74
Sirviendo desde el Amor

"Cada uno ponga al servicio de los demás el don que haya recibido, administrando fielmente la gracia de Dios en sus diversas formas."
1 Pedro 4:10 (NVI)

Dios nos invita a servir, no por obligación ni por presión, sino desde un lugar de amor. En 1 Pedro 4:10 se nos recuerda que los dones que hemos recibido nos fueron dados con el propósito de servir a otros, como fieles administradores de la gracia de Dios. El servicio, cuando nace del amor, se convierte en una expresión de adoración y no en una carga.

Servir desde el amor transforma nuestra perspectiva. En lugar de cuestionarnos qué se nos exige, comenzamos a preguntarnos cómo podemos reflejar el corazón de Dios. Cuando el servicio fluye del amor, está marcado por el gozo, la humildad, y la generosidad. Deja de sentirse como algo que "tenemos que hacer" y pasa a ser algo que "tenemos el privilegio de ofrecer" como respuesta a la gracia de Dios en nuestras vidas.

También es importante recordar que el servicio que nace del gozo tiene límites saludables. Servir desde el amor no significa sobrecargarte, ignorar tus propias necesidades, ni esforzarte por ganar la aprobación de Dios. Dios valora tu corazón más que tu rendimiento. Cuando tu servicio está motivado por el amor y no por la culpa o las expectativas, se vuelve sostenible y lleno de vida.

Dios te encuentra tanto en los actos de servicio visibles como en los que nadie ve. Tus esfuerzos, sean notados o no, no pasan desapercibidos para Él. Al servir con un corazón dispuesto, participas en Su obra y reflejas Su amor a quienes te rodean.

Aplicación Personal

Examina tus motivaciones al servir, pídele a Dios que renueve tu corazón para que tu servicio fluya del amor y no de la presión o la comparación.

Pequeño Desafío

Elige hoy un acto de servicio y hazlo intencionalmente con gozo y gratitud. Observa cómo cambia tu actitud cuando el amor guía tus acciones.

Pregunta Para Tu Diario Personal

¿Cómo puedo servir con gozo?

Reflexiona sobre las áreas donde servir se siente pesado. ¿Qué podría cambiar si invitas a Dios a transformar tus motivaciones y a renovar tu amor por servirle a Él y a los demás?

Día 75

La Influencia Importa

"El fruto del justo es árbol de vida, y el que gana almas es sabio."
Proverbios 11:30 (NVI)

La influencia no se mide por la visibilidad, la popularidad, ni el tamaño de una plataforma, pero si por el fruto que produce tu vida. Proverbios 11:30 nos recuerda que una vida arraigada en la justicia impacta y moldea a otros de manera silenciosa, pero profunda. Mucho antes de que hables de tu fe, las personas observan cómo la vives. Tu constancia, integridad, y amor dejan huellas.

Puede que no siempre reconozcas el alcance de tu influencia. Una palabra amable, una respuesta fiel en una temporada difícil, o una decisión constante de caminar con Dios pueden hablar más fuerte que cualquier mensaje desde una plataforma. La influencia suele crecer en los momentos cotidianos: en cómo enfrentas la decepción, en cómo tratas a quienes no pueden ofrecerte nada a cambio, y en cómo eliges la gracia cuando sería más fácil retirarte. Dios usa esos momentos para atraer corazones hacia Él.

Tu influencia no requiere perfección, de hecho, la honestidad y la humildad suelen hacer que la fe sea más cercana y real. Cuando vives con autenticidad, reconociendo tu dependencia de Dios en lugar de fingir que lo tienes todo bajo control, tu fe se vuelve accesible. Las personas no son inspiradas por una fe impecable, sino por una fe que persevera, confía, y sigue adelante.

Dios ha colocado personas en tu vida de manera intencional. Algunas pueden mirarte en busca de ánimo, dirección, o simplemente un ejemplo de lo que significa seguir a Al Señor con fidelidad. Aun cuando te sientas desapercibida, tu obediencia importa. Dios multiplica el impacto de una vida rendida en maneras que quizá nunca llegues a ver por completo.

Aplicación Personal

Reflexiona sobre cómo tus decisiones diarias reflejan tu fe. Pídele a Dios que te ayude a vivir con intención, recordando que tu vida puede señalar a otros hacia Él, incluso en maneras silenciosas.

Pequeño Desafío

Hoy presta atención a cómo tus palabras y acciones reflejan el carácter de Dios. Elige responder con paciencia, bondad, o verdad en una situación donde realmente importe.

Pregunta Para Tu Diario Personal

¿Quién podría ser impactado por mi fe?

Escribe sobre las personas que Dios ha puesto en tu vida. ¿Cómo puedes ser un reflejo constante y amoroso de Cristo para ellas en esta temporada?

Día 76

Obediencia Día a Día

"Y todo lo que hagan, ya sea de palabra o de obra, háganlo todo en el nombre del Señor Jesús, dando gracias a Dios el Padre por medio de él."
Colosenses 3:17 (NVI)

Muchas veces, la obediencia a Dios no se forma en momentos dramáticos, sino en los ritmos silenciosos y ordinarios de la vida diaria. Colosenses 3:17 nos recuerda que todo lo que hacemos—cada palabra que decimos, tarea que realizamos, interacción que tenemos—puede hacerse en el nombre del Señor. La fe no se limita a los espacios de iglesia o a las grandes decisiones; se teje en las rutinas y responsabilidades que componen nuestra vida cotidiana.

La obediencia diaria comienza con intención, es elegir la paciencia cuando estás cansada, la bondad cuando estás frustrada, la honestidad cuando los atajos parecen más fáciles, y la fidelidad cuando nadie está mirando. Estas decisiones pueden parecer pequeñas, pero revelan un corazón que desea honrar a Dios de manera constante. Con el tiempo, estos momentos forman tu carácter y profundizan tu relación con Él.

Puede ser tentador pensar que nuestra vida tendrá más valor cuando lleguemos a otra etapa o llamado. Sin embargo, Dios valora la fidelidad en el presente. Él te encuentra en medio de tus rutinas y te invita a caminar con Él allí. Cuando ofreces a

Dios tus momentos ordinarios, estos se convierten en expresiones significativas de confianza y adoración.

Dios no te pide perfección en tu obediencia; te pide disposición. Cada vez que eliges honrarlo en algo pequeño, fortaleces tu fe, y alineas tu vida más estrechamente con Sus propósitos. La obediencia cotidiana construye una base de confianza que te sostiene tanto en temporadas tranquilas como en las desafiantes.

Aplicación Personal

Reflexiona sobre cómo abordas las partes ordinarias de tu día. Pídele a Dios que te ayude a verlas como oportunidades para crecer en obediencia y fidelidad.

Pequeño Desafío

Elige hoy una rutina o responsabilidad e invita intencionalmente a Dios a ella. Realízala con gratitud, paciencia, y un corazón enfocado en honrarlo.

Pregunta Para Tu Diario Personal

¿Cómo puedo honrar a Dios en las rutinas diarias?

Escribe sobre los momentos ordinarios de tu día. ¿Cómo cambiaría tu perspectiva si convirtieras estas rutinas en actos de adoración y obediencia?

Día 77

Viviendo con Propósito

"Enséñanos a contar bien nuestros días, para que nuestro corazón adquiera sabiduría."
Salmo 90:12 (NVI)

El propósito comienza con la conciencia. El Salmo 90:12 nos invita a contar bien nuestros días de modo que obtengamos un corazón sabio. Este versículo no busca generar presión ni urgencia basada en el temor, sino claridad arraigada en la gratitud. Cuando reconoces que tu tiempo es valioso y finito, empiezas a vivir con mayor intención y discernimiento.

Vivir con propósito no significa tener cada paso planeado, ni saber exactamente qué traerá el futuro. Significa elegir alinear tu vida con lo que realmente importa. El propósito se forma a través de decisiones diarias de invertir tu tiempo, energía, y atención de maneras que honran a Dios y reflejan Sus valores. Se encuentra en la fidelidad, no en la perfección.

Propósito suele aclararse poco a poco, por medio de momentos ordinarios, y de una obediencia constante. Dios usa tu disposición, no tu certeza. Cuando lo invitas a tus planes, rutinas, y decisiones, tu vida se convierte en una ofrenda significativa, moldeada por la sabiduría y no por la distracción. Incluso las temporadas que se sienten silenciosas o inciertas están llenas de propósito cuando son rendidas a Él.

El propósito de Dios para tu vida no se trata de logros constantes ni de productividad sin descanso, sino de vivir en relación con Él y permitir que esa relación guíe la manera en que amas, sirves, y creces. Al buscar Su sabiduría, Él te enseña a vivir plenamente presente, firmemente arraigada, y alineada intencionalmente con Su voluntad.

Aplicación Personal

Reflexiona sobre cómo estás usando actualmente tu tiempo y tu energía. Pídele a Dios que te ayude a alinear tus decisiones con lo que más importa para Él.

Pequeño Desafío

Hoy haz una pausa antes de tomar una decisión y pregúntate si está alineada con tus valores y con el propósito de Dios para tu vida. Elige con intención.

Pregunta Para Tu Diario Personal

¿Cómo quiero vivir de manera intencional?

Escribe sobre el tipo de vida que deseas vivir. ¿Qué hábitos, prioridades o cambios te está invitando Dios a abrazar para caminar con mayor propósito y sabiduría?

Día 78

Dios Multiplica la Fidelidad

"—¡Bien hecho, siervo bueno y fiel! —le dijo su señor—. Has sido fiel en lo poco; te pondré a cargo de mucho más. ¡Ven a compartir la felicidad de tu señor!"
Mateo 25:21 (NVI)

La fidelidad a menudo se siente pequeña, silenciosa, y desapercibida, pero el cielo la mide de otra manera. En Mateo 25:21, Jesús nos recuerda que el gozo de Dios no está reservado para quienes hacen más, sino para quienes son fieles con lo que se les ha confiado. La fidelidad no se trata de la magnitud, sino de la mayordomía.

Dios no te pide administrar el llamado, los recursos, o la temporada de otra persona. Te manda cuidar lo que ya está en tus manos. Las tareas que parecen ordinarias, repetitivas, o poco impresionantes suelen ser precisamente los lugares donde Dios está formando tu carácter y preparándote para más. Lo que a ti te parece insignificante nunca lo es para Él.

La fidelidad se construye silenciosamente con el tiempo, es elegir la obediencia cuando nadie mira, presentarte cuando la motivación está bajita, y confiar en que Dios ve el esfuerzo aun cuando los resultados tardan. Dios multiplica lo que se le rinde, no por medio del afán, sino por la constancia arraigada en la confianza.

Cuando permaneces fiel, abres espacio para que Dios amplíe tu impacto de maneras que no puedes orquestar por ti misma. Su multiplicación suele llegar más tarde, de forma distinta, o a un ritmo más suave de lo esperado, pero siempre viene acompañada de mayor responsabilidad y gozo. La fidelidad de hoy prepara el crecimiento de mañana.

Dios se deleita en un corazón dispuesto. Al comprometerte a honrarlo con lo que tienes ahora mismo, te posicionas para escuchar las palabras que todo creyente anhela oír: "¡Bien hecho!"

Aplicación Personal

Observa las responsabilidades, relaciones, o roles que Dios ya ha puesto en tu vida. Pídele que te ayude a abordarlos con una fidelidad renovada, y no desde la comparación o la impaciencia.

Pequeño Desafío

Elige hoy una tarea—especialmente una que se sienta rutinaria o poco visible—y hazla intencionalmente como un acto de adoración a Dios.

Pregunta Para Tu Diario Personal

¿Dónde puedo ser fiel hoy?

Reflexiona sobre las áreas de tu vida donde Dios puede estar invitándote a una obediencia constante. ¿Cómo se ve la fidelidad para ti en esta temporada, justo donde estás?

Día 79

Apuntando a Otros hacia Él

"En conclusión, ya sea que coman o beban o hagan cualquier otra cosa, háganlo todo para la gloria de Dios."
1 Corintios 10:31 (NVI)

Las decisiones cotidianas tienen un peso eterno. En 1 Corintios 10:31, Pablo nos recuerda que incluso las acciones más ordinarias—como comer, beber, trabajar, o descansar—pueden hacerse para la gloria de Dios. Glorificar a Dios no se limita a momentos espirituales o a un ministerio visible; se entreteje en la manera en que vivimos cada día.

Señalar a otros hacia Dios no requiere perfección, valentía constante, ni tener siempre las palabras correctas. Muchas veces sucede de forma silenciosa, a través de la integridad, bondad, humildad, y la constancia. Cuando tus decisiones reflejan confianza en Dios y amor por los demás, tu vida se convierte en un testimonio de Su bondad. Las personas notan no solo lo que dices creer, sino cómo esa fe moldea tus acciones.

Vivir para la gloria de Dios implica hacer preguntas diferentes. En lugar de "¿Qué quiero yo?" o "¿Qué impresionará a otros?", comienzas a preguntar: "¿Esto honra a Dios?" y "¿Refleja Su carácter?". Estas preguntas reorientan suavemente tu corazón y te ayudan a vivir con propósito, incluso en las decisiones más simples.

Cuando eliges glorificar a Dios, sueltas la presión de controlar cómo otros responderán. Tu papel no es convencer ni impresionar, sino reflejarlo fielmente. Dios usa vidas rendidas para atraer a las personas hacia Él, muchas veces de formas que quizá nunca llegues a ver por completo. Cada decisión tomada con amor y obediencia se convierte en una invitación silenciosa para que otros lo vean con mayor claridad.

Aplicación Personal

Considera las áreas de tu vida donde tus decisiones tienen mayor influencia: tus palabras, hábitos, relaciones, o actitudes. Invita a Dios a guiarte para que tus decisiones reflejen Su corazón.

Pequeño Desafío

Antes de tomar una decisión hoy, haz una pausa y pregúntate: "¿Esto dará gloria a Dios?". Elige la opción que más se alinee con Sus valores.

Pregunta Para Tu Diario Personal

¿Cómo puedo glorificar a Dios en mis decisiones?

Escribe sobre áreas específicas donde Dios pueda estar invitándote a vivir con mayor intención. ¿Cómo pueden tus decisiones diarias señalar a otros hacia Él, incluso de maneras sutiles?

Día 80

Tu Vida es un Testimonio

"Ellos lo vencieron por medio de la sangre del Cordero y por el mensaje del cual dieron testimonio; no amaron tanto su vida como para evitar la muerte."
Apocalipsis 12:11 (NVI)

Cada vida cuenta una historia, lo reconozcamos o no. Apocalipsis 12:11 nos recuerda que el testimonio de la obra de Dios en nuestras vidas tiene poder. Cuando confiamos en Él, le obedecemos, y caminamos por fe—aun en medio de los desafíos—nuestra historia se convierte en un testimonio vivo de Su fidelidad. Nuestras victorias, nuestras luchas, e incluso los momentos en que nos sentimos más débiles dan testimonio del poder y la bondad de Dios.

Vivir como testimonio no requiere perfección ni circunstancias extraordinarias. Comienza con honestidad y disposición, estar abiertas a cómo Dios nos ha sostenido, formado, y obrado a través de momentos ordinarios y muchas veces invisibles. Cada decisión de obedecer, amar, o confiar a Dios en lo pequeño añade una línea más a la historia de Su fidelidad. A menudo, son los actos silenciosos y constantes de obediencia los que hablan con mayor fuerza.

Tu vida se vuelve un testimonio cuando permites que Dios use tus experiencias—tanto las alegres como las dolorosas—para Su gloria. Lo que para ti puede parecer común, oculto, o incluso vergonzoso, puede ser exactamente lo que alguien más necesita ver. Dios entreteje todas las temporadas—éxitos, errores, desvíos, y tiempos de espera—en una historia que apunta a Él. Al rendirle tu historia, abres la puerta para que Su esperanza y ánimo fluyan a través de ti.

Un testimonio no es solo para quien lo escucha; también es para quien lo vive. Recordar la fidelidad de Dios en tu propia vida cultiva gratitud, valentía, y perspectiva. Te recuerda Su presencia constante y te da confianza para caminar con firmeza hacia tus próximos pasos. La obra de Dios en tu vida, por pequeña que parezca, nunca se desperdicia y puede inspirar a otros a confiar en Él.

Aplicación Personal

Reflexiona sobre las maneras en que Dios ha estado presente y ha sido fiel en tu vida. Considera los momentos en los que Su guía, provisión, o amor han sido evidentes. ¿Cómo podría Él querer que vivas o compartas esos momentos para animar a alguien más?

Pequeño Desafío

Identifica una parte de tu historia—grande o pequeña—que hoy podría inspirar o consolar a alguien. Sé intencional en permitir que esa experiencia brille a través de tus palabras, acciones o testimonio.

Pregunta Para Tu Diario Personal

¿Qué parte de mi historia puede traer esperanza a otros?

Escribe sobre experiencias donde la fidelidad de Dios sea clara. ¿Cómo pueden esos momentos servir para levantar, animar o señalar a alguien más hacia Él?

Sección 9 (Días 81–90):

Plenamente Tú, Plenamente Suya

Viviendo Arraigada, Segura, y Rendida

Día 81

Arraigadas y Edificadas

"Por eso, de la manera que recibieron a Cristo Jesús como Señor, vivan ahora en él, arraigados y edificados en él, confirmados en la fe como se les enseñó y llenos de gratitud."
Colosenses 2:6–7 (NVI)

Estar arraigadas es más que simplemente conocer a Dios; es permitir que Su verdad eche raíces profundas en el corazón. Colosenses 2:6–7 nos recuerda que caminemos en Cristo tal como lo hemos recibido, arraigadas, y edificadas en Él. Las raíces brindan estabilidad, nutrición, y resistencia. Cuando tu vida espiritual está firmemente anclada en Dios, puedes resistir las tormentas, crecer en sabiduría, y dar fruto que refleje Su carácter.

Ser edificadas va de la mano con estar arraigadas. Así como un árbol crece hacia arriba a partir de raíces fuertes, la fe crece cuando cultivamos prácticas que nutren nuestra vida espiritual. La oración, la lectura de la Palabra, la adoración, y la comunidad son medios a través de los cuales Dios fortalece nuestro fundamento. Estar arraigadas no sucede de la noche a la mañana; se desarrolla con el tiempo, mediante pequeños y constantes actos de obediencia y confianza.

Cuando eliges vivir arraigada en Cristo, comienzas a discernir la diferencia entre lo temporal y lo eterno. Ganas perspectiva, paciencia y paz, sabiendo que, aun cuando las circunstancias cambien, tu fundamento permanece firme. Esta solidez también te capacita para influir en otros, no desde el esfuerzo o la apariencia, sino reflejando estabilidad, gracia, y la presencia vivificante de Dios en tu propia vida.

Aplicación Personal

Reflexiona sobre las prácticas, relaciones, y hábitos que te ayudan a mantenerte firme en Cristo. ¿Hay áreas donde sientes que tus raíces están poco profundas o necesitan fortalecerse? Invita a Dios a fortalecerlas y profundizarlas.

Pequeño Desafío

Da hoy un paso intencional para nutrir tu fundamento espiritual: lee la Biblia, ora con enfoque, o dedica un tiempo de quietud para reflexionar sobre la fidelidad de Dios.

Pregunta Para Tu Diario Personal

¿Qué me mantiene espiritualmente arraigada?

Escribe sobre los hábitos, disciplinas, o recordatorios que te ayudan a permanecer firme en Dios. ¿Cuáles podrías practicar con mayor constancia en tu vida diaria?

Día 82

Gozo en la Presencia de Dios

*"Tú me das a conocer la senda de la vida;
me llenarás de alegría en tu presencia, y de dicha eterna a tu derecha."*
Salmo 16:11

El gozo es más que una emoción pasajera; es la profunda satisfacción de saber que eres plenamente vista, profundamente amada, y completamente abrazada por Dios. El Salmo 16:11 nos recuerda que en la presencia de Dios hay plenitud de gozo, un gozo que trasciende las circunstancias, los logros, o la comodidad. Es un gozo firme y sustentador, arraigado en la relación con Él, no en lo que el mundo ofrece.

Experimentar el gozo de Dios a menudo comienza con prestar atención y estar consciente. Cuando desaceleramos para reconocer Su presencia, la gratitud brota de manera natural, y nuestro corazón es renovado. Este gozo se encuentra en la oración, en el tiempo con Su Palabra, en adoración, y aun en los momentos sencillos y cotidianos en los que hacemos una pausa para reconocer Su fidelidad. No depende en que todo esté perfecto, ni de condiciones ideales; florece en lo ordinario cuando nuestro corazón está abierto.

El gozo de Dios también nos capacita para perseverar. Cuando llegan las pruebas, estar arraigadas en Su presencia nos permite llevar una esperanza y una paz que el mundo no puede quitarnos. El gozo se convierte tanto en ancla como en luz, recordándonos Su bondad y atrayendo a otros hacia Él. Elegir permanecer conscientes de la cercanía de Dios abre la puerta para que el gozo crezca a diario, transformando nuestra perspectiva, y nuestras relaciones.

Aplicación Personal

Considera los lugares, las personas o las prácticas que te ayudan a experimentar con mayor plenitud la presencia de Dios. ¿Hay momentos en los que sientes que Su gozo se desvanece? Invítalo a renovar tu conciencia de Su cercanía.

Pequeño Desafío

Haz una pausa hoy en un momento ordinario e intencionalmente reconoce la presencia de Dios. Permite que la gratitud, la admiración de Su bondad, o la oración cultiven gozo en tu corazón.

Pregunta Para Tu Diario Personal

¿Dónde experimento el gozo de Dios?

Escribe sobre momentos, lugares, o prácticas donde la presencia de Dios trae vida y deleite. ¿Cómo puedes cultivar más de estos momentos en tu rutina diaria?

Día 83

Confiando a Dios el Futuro

"Porque yo sé muy bien los planes que tengo para ustedes —afirma el Señor—, planes de bienestar y no de calamidad, a fin de darles un futuro y una esperanza."
Jeremías 29:11 (NVI)

El futuro a menudo se siente incierto, y es fácil cargar preocupación por lo que viene. Jeremías 29:11 nos recuerda que los planes de Dios para nosotros son buenos, planes que nos dan esperanza, y un futuro. Confiar en Él significa soltar la necesidad de controlar cada resultado y creer que Su guía, Su tiempo, y Su provisión son perfectos, aun cuando no podamos ver el panorama completo.

La confianza crece cuando enfocamos menos nuestra atención en los temores y más en el carácter de Dios. Él es fiel, sabio, y amoroso, y Sus planes siempre están arraigados en nuestro bien eterno. No necesitamos tener todas las respuestas ni conocer cada paso; solo necesitamos poner nuestras esperanzas, deseos, y preocupaciones en Sus manos. Cuando lo hacemos, la ansiedad da paso a la paz, y la incertidumbre se convierte en una oportunidad para apoyarnos más profundamente en Su presencia y dirección.

Confiar a Dios el futuro también transforma la manera en que vivimos hoy. Influye en nuestras decisiones, prioridades, y relaciones. Cuando anclamos nuestra vida en Sus promesas, podemos actuar con valentía, tomar decisiones alineadas con Su voluntad, y avanzar sin temor. Incluso cuando el camino no es claro, la fe nos permite caminar con confianza, sabiendo que Dios ya está obrando.

Aplicación Personal

Reflexiona sobre las áreas de tu vida donde sueles cargar preocupación o intentar controlar los resultados. ¿Cómo cambiaría tu perspectiva o tus acciones si las rindieras a Dios?

Pequeño Desafío

Identifica un anhelo, un sueño, o una preocupación que tengas sobre el futuro. Entrégala conscientemente a Dios en oración, confiando en Él, y soltando la necesidad de manejarla por tu cuenta.

Pregunta Para Tu Diario Personal

¿Qué anhelos pongo en las manos de Dios?

Escribe sobre los sueños, deseos, o incertidumbres que estás confiando a Dios. ¿Cómo cambia tu corazón o qué paz experimentas al entregárselos a Él?

Día 84

Devoción de Todo Corazón

"Confía en el Señor de todo corazón y no en tu propia inteligencia..."
Proverbios 3:5 (NVI)

La devoción de todo corazón comienza cuando confiamos en Dios con todo lo que somos, no solo con las partes que se sienten seguras o fáciles. Proverbios 3:5 nos recuerda que no debemos apoyarnos en nuestro propio entendimiento, sino poner plenamente nuestra confianza en Dios. La devoción total implica rendición: entregarle nuestros pensamientos, planes, emociones, y decisiones, sabiendo que Su sabiduría es perfecta y Su amor inquebrantable.

Confiar en Dios de todo corazón significa vivir con intención y alineación. Es elegir seguirlo incluso cuando el camino no es claro, resistir la tentación de depender de nuestro propio criterio, y reconocer que Su perspectiva sobrepasa la nuestra. Este tipo de devoción no es pasiva; requiere decisiones conscientes, disciplina, y una alineación constante del corazón y las acciones con Su verdad.

La devoción de todo corazón transforma los momentos ordinarios, afecta las decisiones diarias, las relaciones, y las prioridades. Cuando confías plenamente en Dios, incluso las acciones más rutinarias adquieren un significado eterno. Comienzas a percibir Su dirección con mayor claridad y a experimentar la paz que nace de descansar en Su plan. La devoción no se mide por la grandeza de los actos, sino por la sinceridad, y constancia del compromiso.

Aplicación Personal

Reflexiona sobre las áreas de tu vida en las que te cuesta confiar plenamente en Dios. ¿Cómo sería rendirle hoy esas áreas?

Pequeño Desafío

Elige una decisión, hábito, o patrón de pensamiento para alinearlo intencionalmente con la sabiduría y la guía de Dios. Práctica la confianza de todo corazón en ese momento.

Pregunta Para Tu Diario Personal

¿Cómo se ve para mí la confianza de todo corazón?

Escribe sobre cómo te relacionas actualmente con Dios desde tu corazón y tus acciones. ¿Hay áreas donde te reservas? ¿Cómo podría cambiar tu manera de vivir cada día si te apoyaras plenamente en Él?

Día 85

Caminando en Rendición

"Por lo tanto, amados hermanos, les ruego que entreguen su cuerpo a Dios por todo lo que él ha hecho a favor de ustedes. Que sea un sacrificio vivo y santo, la clase de sacrificio que a él le agrada. Esa es la verdadera forma de adorarlo."
Romanos 12:1 (NTV)

La rendición es más que soltar el control, es una entrega consciente de todo tu ser a Dios, confiándole cada área de tu vida. Romanos 12:1 nos anima a presentar nuestros cuerpos como sacrificios vivos, santos, y agradables a Dios, lo cual es descrito como nuestra verdadera adoración. Caminar en rendición significa reconocer que tus planes, deseos e incluso tus luchas no son solo tuyos para manejar, sino que le pertenecen a Él y están en Sus manos.

La rendición requiere tanto humildad como valentía. Nos invita a soltar la ilusión de que podemos con todo por nuestra cuenta, y a confiar en que la sabiduría, el tiempo, y el plan de Dios son perfectos. La verdadera rendición no es pasiva; es una decisión activa y diaria de alinear pensamientos, acciones y prioridades con la voluntad de Dios. Cuanto más te rindes, más libertad, paz y claridad experimentas, porque dejas de cargar pesos que solo le corresponden a Él.

Caminar en rendición transforma tu perspectiva y tu vida diaria. Te permite enfrentar los desafíos con gracia en lugar de ansiedad, servir a otros con gozo en lugar de obligación, y tomar decisiones basadas en la confianza y no en el temor. Cuando sueltas la necesidad de controlar los resultados, creas espacio para que

Dios obre de maneras que nunca podrías orquestar por ti misma. La rendición abre la puerta a Su guía, Su sabiduría, y Su bendición en áreas que antes se sentían pesadas o confusas.

La rendición también es relacional; moldea la manera en que te relacionas con Dios y con los demás. Al soltar expectativas, comparaciones, y la insistencia en el control personal, te vuelves más disponible para amar, escuchar, y responder a quienes te rodean. Tu vida se convierte en un testimonio vivo de confianza, humildad, y fe, señalando a Aquel que sostiene todas las cosas.

Aplicación Personal

Reflexiona sobre las áreas de tu vida que estás sosteniendo con fuerza: planes, relaciones, emociones, o ambiciones. ¿En cuáles te estará pidiendo Dios que te rindas a Él hoy?

Pequeño Desafío

Elige una cosa específica que puedas entregar a Dios hoy. Ora por ella, entrégala de manera intencional, y suelta la necesidad de controlar el resultado. Observa cómo tu corazón comienza a aligerarse.

Pregunta Para Tu Diario Personal

¿Qué necesito rendir hoy?

Escribe sobre las áreas de tu vida que se sienten pesadas o inciertas. ¿Cómo cambia tu perspectiva, tu paz, o tu confianza en Dios al entregárselas? ¿Qué libertad o claridad podría ofrecerte mientras caminas en rendición?

Día 86

Permaneciendo en Cristo

«Permanezcan en mí, y yo permaneceré en ustedes. Así como ninguna rama puede dar fruto por sí sola, sino que tiene que permanecer en la vid, así tampoco ustedes pueden dar fruto si no permanecen en mí.»
Juan 15:4 (NVI)

Permanecer en Cristo es más que una conexión momentánea; es una relación continua e íntima que moldea el corazón, la mente, y las acciones. Juan 15:4 nos recuerda que, así como las ramas no pueden dar fruto separadas de la vid, tampoco nosotros podemos vivir plenamente, ni prosperar espiritualmente separados de Jesús. Permanecer verdaderamente implica habitar en Su presencia y recibir de Él vida, sabiduría, y fortaleza cada día.

Permanecer es a la vez activo y receptivo. Requiere tiempo intencional en oración, en la Palabra, y en reflexión, pero también un corazón abierto a la guía de Dios a lo largo del día. Implica aprender a reconocer Su voz, confiar en Sus tiempos, y descansar en Su amor. Cuanto más permaneces en Cristo, más tu vida reflejará Su carácter: paz, paciencia, bondad, y gozo, fluyendo de manera natural hacia quienes te rodean.

Vivir en una conexión constante con Jesús transforma los momentos ordinarios. Tus decisiones, relaciones, y tareas diarias se llenan de propósito y perspectiva cuando están arraigadas en Él. Aun en temporadas de estrés, incertidumbre o espera, permanecer en Cristo brinda estabilidad y te permite vivir al ritmo de la gracia, en lugar de ser arrastrada por el temor, la frustración, o el afán.

Permanecer en Cristo también impacta a otros. Cuando tu vida está profundamente conectada a Él, produce fruto que apunta a Dios. Tu presencia se convierte en un testimonio silencioso de Su amor, paciencia, y fidelidad. Mantenerte arraigada en Él te recuerda que el crecimiento espiritual es un proceso, y que la cercanía con Jesús es la fuente de una fortaleza y resiliencia duraderas.

Aplicación Personal

Reflexiona sobre tus hábitos actuales para mantenerte conectada con Cristo. ¿Hay momentos del día en los que te sientes distante de Él? Pide a Dios que te guíe para cultivar una conexión más profunda y una mayor conciencia de Su presencia.

Pequeño Desafío

Elige hoy una práctica intencional para permanecer en Cristo: lee un breve pasaje de la Escritura, haz una pausa para orar, o invítalo conscientemente a una tarea o conversación. Observa cómo esto afecta tu perspectiva y tu energía.

Pregunta Para Tu Diario Personal

¿Cómo puedo mantenerme conectada con Jesús a diario?

Escribe sobre los ritmos, hábitos, o momentos que te ayudan a permanecer cerca de Cristo. ¿Qué pequeños pasos podrías dar para habitar en Él con mayor constancia, incluso en la vida cotidiana?

Día 87
Viviendo Segura en Él

«Solo él es mi roca y mi salvación;
él es mi fortaleza, y no habré de caer.»
Salmos 62:6 (NVI)

La seguridad en la vida muchas veces se busca en los logros, las relaciones, o las circunstancias, pero la verdadera estabilidad solo proviene de Dios. Salmos 62:6 nos recuerda que nuestro descanso y nuestra confianza están en Él. Vivir seguras en Dios significa confiar en que Su amor, Su sabiduría, y Su poder son inconmovibles, aun cuando el mundo a nuestro alrededor se sienta inestable o incierto.

Estar seguras en Dios comienza con la perspectiva correcta. Cuando comprendes que tu valor, tu identidad, y tu esperanza están anclados en Él, las presiones de la comparación, el temor, o el deseo de controlar empiezan a perder fuerza. La seguridad en Dios no depende de que todo salga perfecto; descansa en la verdad inquebrantable de que Él es fiel, Sus planes son buenos, y Su presencia nunca falla.

Vivir desde esta seguridad transforma la vida diaria, las decisiones, los desafíos, y las relaciones se enfrentan con una calma confiada en lugar de miedo o afán. Puedes descansar en Sus promesas, responder a los demás desde el amor y no desde la defensiva, y atravesar las dificultades con una paz que sobrepasa todo entendimiento. La seguridad en Dios te capacita para actuar con valentía, paciencia, y sabiduría.

La seguridad también fomenta una relación más profunda con Dios. Cuanto más confías en Él con tus temores, fracasos, e incertidumbres, más libertad experimentas para adorar, obedecer, y deleitarte en Su presencia. Tu vida se convierte en el reflejo de un corazón firmemente establecido, no en circunstancias pasajeras, sino en la fidelidad eterna de Dios.

Aplicación Personal

Considera las áreas de tu vida donde suelen aparecer la inseguridad o el temor. ¿Cómo podría cambiar tu perspectiva o tu respuesta si te apoyaras más en la presencia y las promesas de Dios en esos momentos?

Pequeño Desafío

Toma hoy una situación que te haga sentir inquieta o ansiosa y entrégasela intencionalmente a Dios en oración, confiando en que Él te sostiene.

Pregunta Para Tu Diario Personal

¿Qué me ayuda a sentirme segura en Dios?

Escribe sobre las personas, prácticas, o memorias que fortalecen tu seguridad en Él. ¿Cómo puedes apoyarte en ellos de manera constante para vivir con mayor confianza y paz?

Día 88

Dios Completa lo que Comienza

«A aquel que es poderoso para guardarlos sin caída y presentarlos sin mancha y con gran alegría ante su gloriosa presencia...»
Judas 1:24 (NVI)

La fidelidad de Dios no es parcial ni temporal; es completa y constante. Judas 1:24 nos recuerda que Él tiene el poder de guardarnos sin caer y de presentarnos sin mancha delante de Su gloria, sosteniendo plenamente la obra que ha comenzado en nosotros. Cada proceso de crecimiento, desafío, y paso de obediencia están bajo Su cuidado fiel.

Confiar en que Dios completará Su obra en ti requiere paciencia y perspectiva. A menudo la vida se siente llena de procesos inconclusos, oraciones sin respuesta, y desvíos inesperados. Sin embargo, aun cuando todo parece incompleto o desordenado, Dios está formando, refinando, y preparándote para Su propósito. Su obra nunca queda a medias; Él está comprometido a llevarla a término conforme a Su tiempo perfecto.

Reconocer la fidelidad de Dios transforma la manera en que miras tu caminar. Puedes mirar atrás y ver cómo Él te ha guiado, corregido, y sostenido en momentos de incertidumbre y dificultad. Cada pequeño paso de obediencia, acto de entrega, y lección aprendida contribuyen a la obra hermosa que Él está realizando en tu vida. Tus victorias pasadas e incluso tus luchas se convierten en evidencia de Su amor firme y Su poder.

Vivir con esta verdad trae paz y confianza. En lugar de esforzarte por completar tu crecimiento con tus propias fuerzas, puedes descansar en la certeza de que Dios es fiel para terminar lo que comenzó. Esta perspectiva te permite perseverar en medio de los desafíos, abrazar el proceso, y celebrar los pequeños avances a lo largo del camino.

Aplicación Personal

Reflexiona sobre tu caminar espiritual y las maneras en que Dios ha sido fiel hasta ahora. ¿Dónde has visto Su mano guiándote, protegiéndote, o formándote?

Pequeño Desafío

Elige un área de tu vida que sientas inconclusa o incierta y entrégasela intencionalmente a Dios. Confía en que Él está obrando y la llevará a cumplimiento en Su tiempo.

Pregunta Para Tu Diario Personal

¿Cómo ha sido fiel Dios a lo largo de este proceso?

Escribe sobre momentos, decisiones, o temporadas donde la guía, provisión o protección de Dios fueron evidentes. ¿Cómo te anima recordar Su fidelidad hoy?

Día 89

Plenamente Conocida y Plenamente Amada

«¡Miren cuánto amor nos ha dado el Padre, para que seamos llamados hijos de Dios! Y lo somos. El mundo no nos conoce porque no lo conoció a él.»
1 Juan 3:1 (NVI)

No hay nada más profundo que ser plenamente conocida y plenamente amada por Dios. 1 Juan 3:1 nos recuerda la asombrosa profundidad de Su amor. Él nos llama Sus hijos, no por nuestro desempeño ni por nuestra perfección, sino por quienes somos en Él. Dios ve cada parte de tu historia—tus fortalezas, tus luchas, e incluso aquello que guardas en secreto—y te ama sin condiciones.

Ser plenamente conocida y amada transforma la manera en que te ves a ti misma. Cuando interiorizas la perspectiva de Dios, comienzas a definir tu identidad por Su verdad y no por los estándares del mundo, las opiniones de otros o tus propias dudas. No estás definida por errores, fracasos ni expectativas no cumplidas; pero si por Su amor, Su aceptación y el hecho de que le perteneces.

Este tipo de amor también te libera para vivir con autenticidad, ya no necesitas esconder partes de ti ni esforzarte por obtener aprobación, porque Dios ya te recibe por completo. Su amor te capacita para caminar con confianza, gracia, y humildad. Da forma a la manera en que te relacionas con los demás, permitiéndote extender amor, paciencia, y comprensión, porque primero las has recibido de Él.

Ser plenamente conocida y plenamente amada es a la vez reconfortante y fortalecedor, te recuerda que nada en tu pasado, presente, o futuro puede separarte de Su amor. Tu identidad es segura, tu valor está anclado en Él, y tu vida puede reflejar la libertad, el gozo y la confianza que nacen de descansar en el amor inmutable de Dios.

Aplicación Personal

Reflexiona sobre cómo el amor de Dios está influyendo actualmente en la manera en que te percibes. ¿Hay áreas donde aún buscas validación en otros lugares? Invita a Dios a recordarte Su amor firme y Su verdad.

Pequeño Desafío

Hoy identifica un pensamiento o creencia acerca de ti misma que contradiga el amor de Dios. Declara la verdad de Dios sobre ese pensamiento, afirmando tu identidad como Su hija amada.

Pregunta Para Tu Diario Personal

¿Cómo está dando forma el amor de Dios a mi identidad hoy?

Escribe sobre las maneras en que el amor de Dios ha cambiado tu perspectiva de ti misma. ¿Cómo podría abrazar esta verdad influir en tus decisiones, relaciones, y vida diaria?

Día 90

Soy Única, Soy Suya

«Al que puede hacer muchísimo más que todo lo que podamos imaginarnos o pedir, por el poder que obra eficazmente en nosotros...»
Efesios 3:20 (NVI)

Eres única, maravillosamente creada y profundamente amada por Dios. Efesios 3:20 nos recuerda que Dios puede hacer muchísimo más de lo que pedimos o imaginamos, especialmente en la vida de aquellas personas que Él creó con un propósito. Tu identidad no está definida por la comparación, el desempeño ni por las expectativas de otros; está arraigada en el hecho de que eres de Dios: amada, elegida, y única en Su diseño.

Comprender tu singularidad transforma la manera en que vives. Cuando abrazas el hecho de que Dios te formó intencionalmente, cada don, rasgo de personalidad, experiencia y perspectiva cobra significado. Tu historia,tu voz y tu presencia importan. Nadie más puede ser tú, y Dios se deleita en cada aspecto de quien eres.

Esta verdad también te invita a la libertad, ya no necesitas minimizarte, esconderte, ni conformarte para sentirte valiosa. Puedes avanzar con valentía hacia el propósito que Dios te ha dado, confiando en que Él te equipa para brillar a tu manera. Vivir desde esta comprensión transforma tus decisiones, relaciones, y anhelos, permitiéndote caminar con gozo, valentía, y autenticidad.

Tu identidad en Cristo también inspira a otros. Cuando abrazas quién Dios te creó para ser, animas a quienes te rodean a hacer lo mismo. Tu vida se convierte en un testimonio del poder del amor, la gracia, y el diseño creativo de Dios. Tu vida recuerda que cada persona tiene un valor inmenso ante Sus ojos.

Aplicación Personal

Reflexiona sobre cómo ha crecido tu comprensión de tu identidad a lo largo de estos noventa días. ¿De qué manera verte a través de los ojos de Dios ha cambiado tu perspectiva sobre tus dones, fortalezas, y propósito?

Pequeño Desafío

Celebra hoy tu diseño único. Declara en voz alta una verdad sobre cómo Dios te creó y cómo Él se deleita en ti. Permite que esta afirmación modele tu confianza y tus decisiones.

Pregunta Para Tu Diario Personal

¿Cómo ha cambiado mi comprensión de mi identidad?

Escribe sobre las maneras en que tu visión de ti misma se ha transformado durante este recorrido devocional. ¿Qué verdades acerca de tu identidad en Cristo estás abrazando ahora y cómo guiarán tu vida en adelante?

Conclusión

¡Felicitaciones, querida hermana, por completar este recorrido de 90 días de reflexión, oración, y descubrimiento! A lo largo de este tiempo has explorado la verdad de Dios, descubierto Sus promesas, y caminado paso a paso hacia la plenitud de quien Él te creó para ser. Filipenses 1:6 nos recuerda que Aquel que comenzó la buena obra en ti es fiel para completarla. Tu crecimiento, entendimiento, y tu identidad no están dejados al azar; están en las manos de un Dios amoroso que se deleita en ti como Su hija amada.

A lo largo de este devocional, has sido invitada a verte a ti misma a través de los ojos de Dios: plenamente conocida, completamente amada, y creada de manera única para Sus propósitos. Has aprendido que tu valor no se mide por logros, por la aprobación de otros, ni por los errores de tu pasado. Eres atesorada, escogida y amada simplemente porque le perteneces a Él. Eres Su hija, creada de forma maravillosa, hermosa, e intencionalmente.

Recuerda que este devocional no es un recorrido único; es un lugar seguro al que puedes volver una y otra vez. En los días en que tu corazón se sienta cargado, tu propósito parezca incierto, o tu confianza flaquee, estas páginas pueden servirte como un recordatorio del amor inquebrantable de Dios por ti. Las reflexiones, las Escrituras, y los ejercicios son herramientas para ayudarte a reconectar con Él, reafirmar tu identidad, y encontrar fuerzas en la verdad de que nada puede separarte de Su amor.

Caminar hacia adelante en tu identidad implica llevar estas verdades a cada etapa de la vida. Significa tomar decisiones arraigadas en la perspectiva de Dios, abrazar tus dones, y tu llamado con valentía, y confiar en que Sus planes para ti son buenos, aun cuando no puedas ver el camino completo. Tu recorrido no termina aquí; continúa con cada paso que das, con cualquier oración que elevas, y con cada momento en que eliges vivir como hija del Rey.

Al cerrar este devocional recuerda que el amor de Dios es constante y cercano, nunca estás sola, y Su verdad permanece como un ancla firme para tu corazón. Vuelve a estas páginas cada vez que necesites un recordatorio amoroso y lleno de gracia: eres amada, escogida y libre para vivir plenamente como la hija en la que Él se deleita.

Acerca de la Autora

Laura Paz es escritora, maestra, futura esposa, y orgullosa hija de Dios. Nacida y criada en Nueva York, es hija de pastores y creyente de toda la vida. Ha caminado en la fe desde siempre, guiada por sus increíbles padres, los apóstoles Ben y Teresa Paz, fundadores y pastores principales del Centro Cristiano Palabras de Vida. Laura tiene una profunda pasión por ayudar a las mujeres a abrazar su identidad en Dios y a caminar en Su propósito.

A través de este devocional, la autora desea recordar a cada mujer que es profundamente amada por nuestro Padre Celestial, que su vida tiene significado, y propósito, y que lo mejor aún está por venir.

Finalmente, Laura no puede terminar este libro (su primera obra publicada) sin agradecer a su familia, amigos, y comunidad de iglesia por su apoyo incondicional, así como a su futuro esposo, Jacob Palmer. Todo esto fue posible únicamente por la gracia de Dios y por el ánimo constante de las personas que Él colocó estratégicamente en su vida.

Puedes seguir a Laura y conectar con ella en Instagram: @ sparkle.laury

Laura también desea invitar a toda mujer que lea esto a la conferencia anual de mujeres de Palabras de Vida, ÚNICA. Para más información sobre la conferencia, visita @unica_ccpv y @ccpvida en Instagram.

www.ingramcontent.com/pod-product-compliance
Lightning Source LLC
LaVergne TN
LVHW010613100826
845148LV00014B/2949

* 9 7 8 1 7 3 3 4 0 3 1 3 9 *